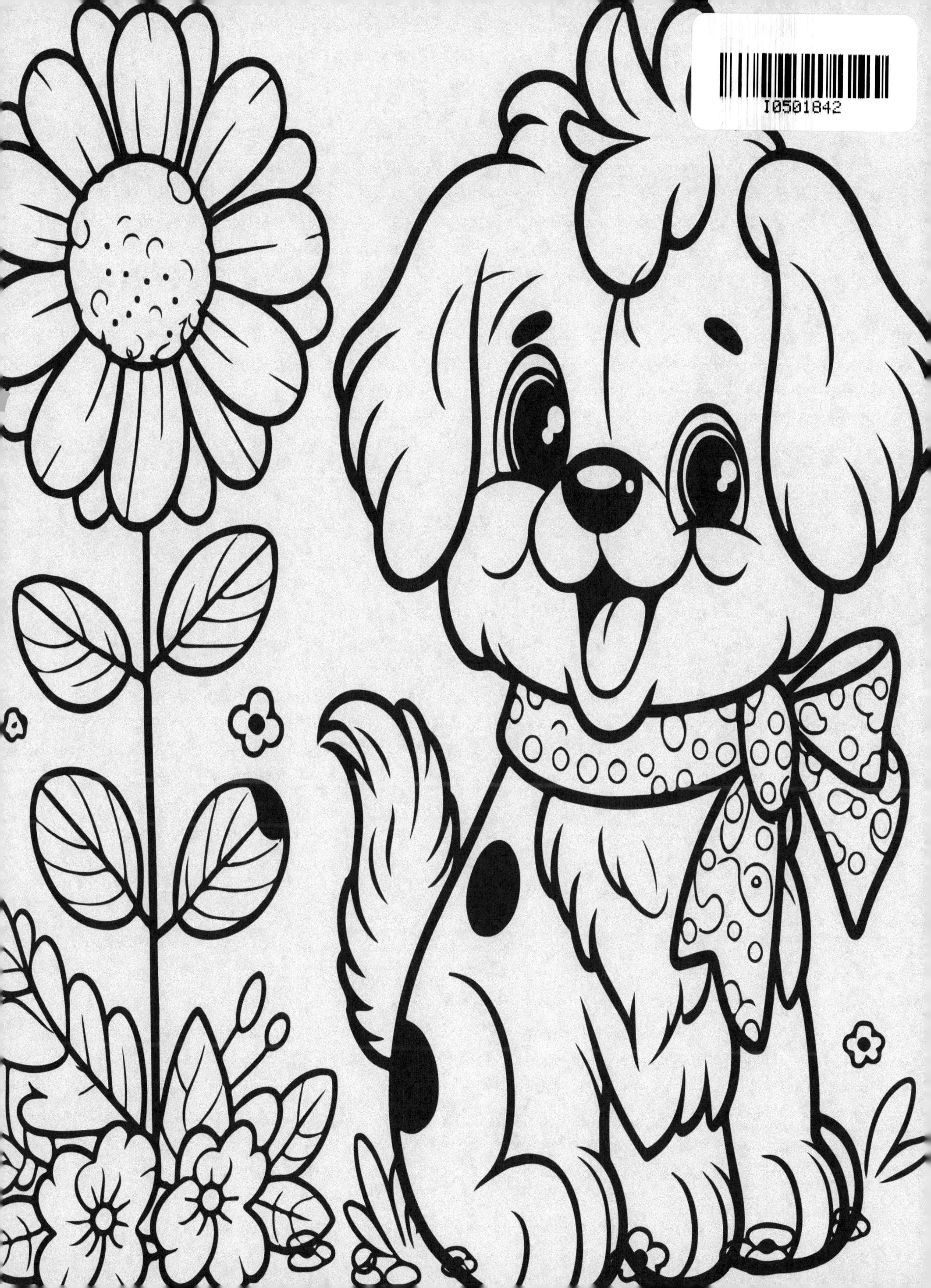

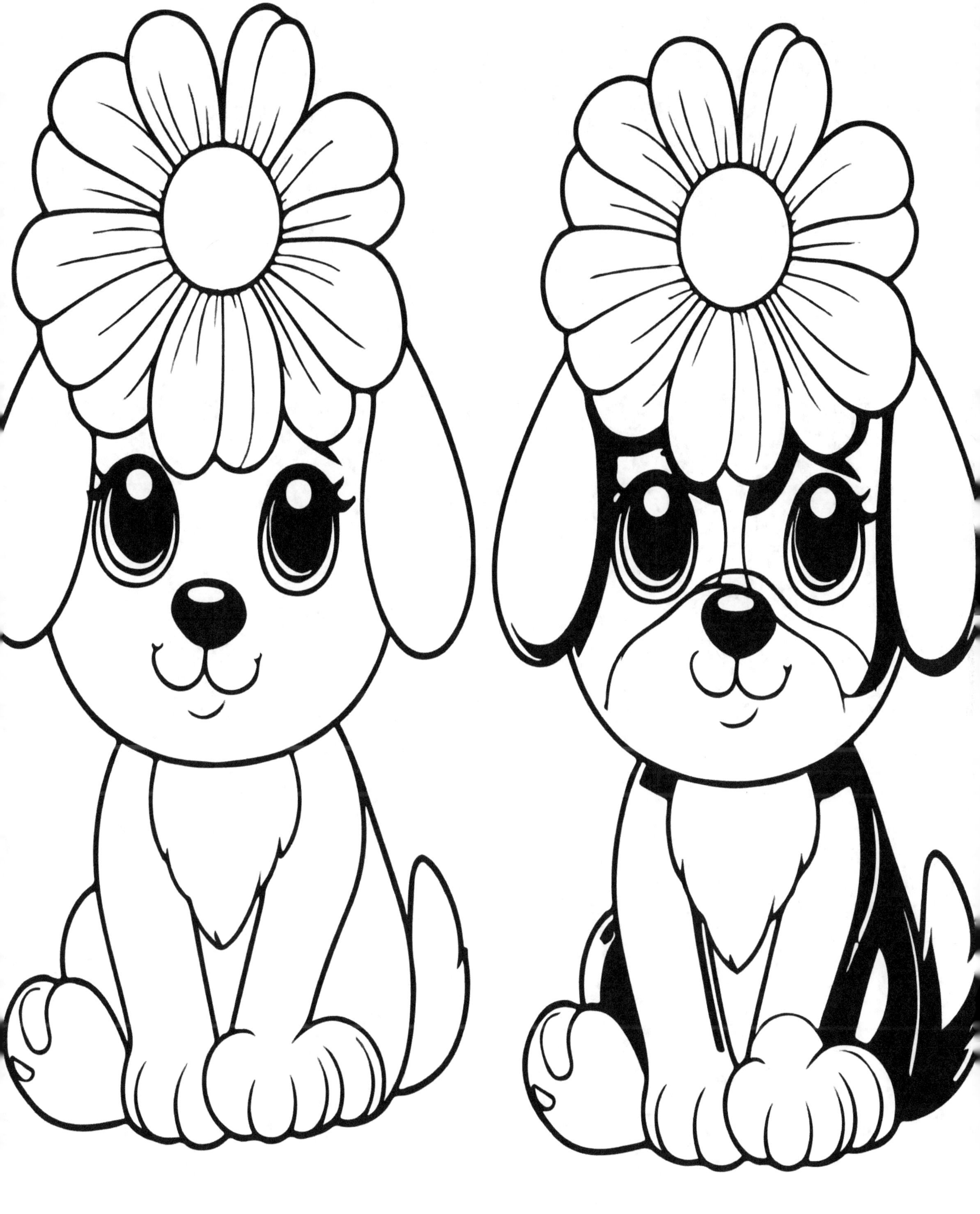

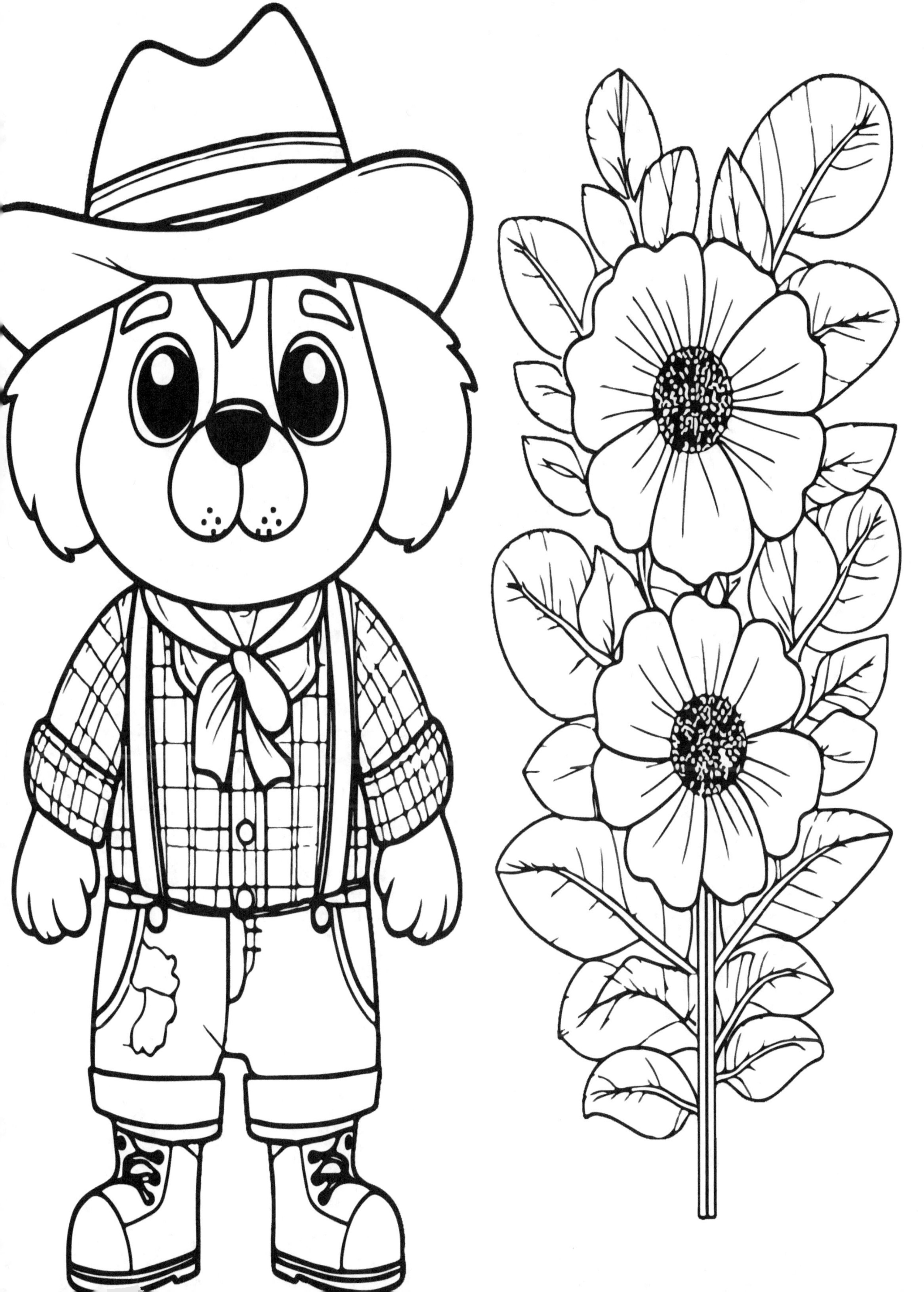

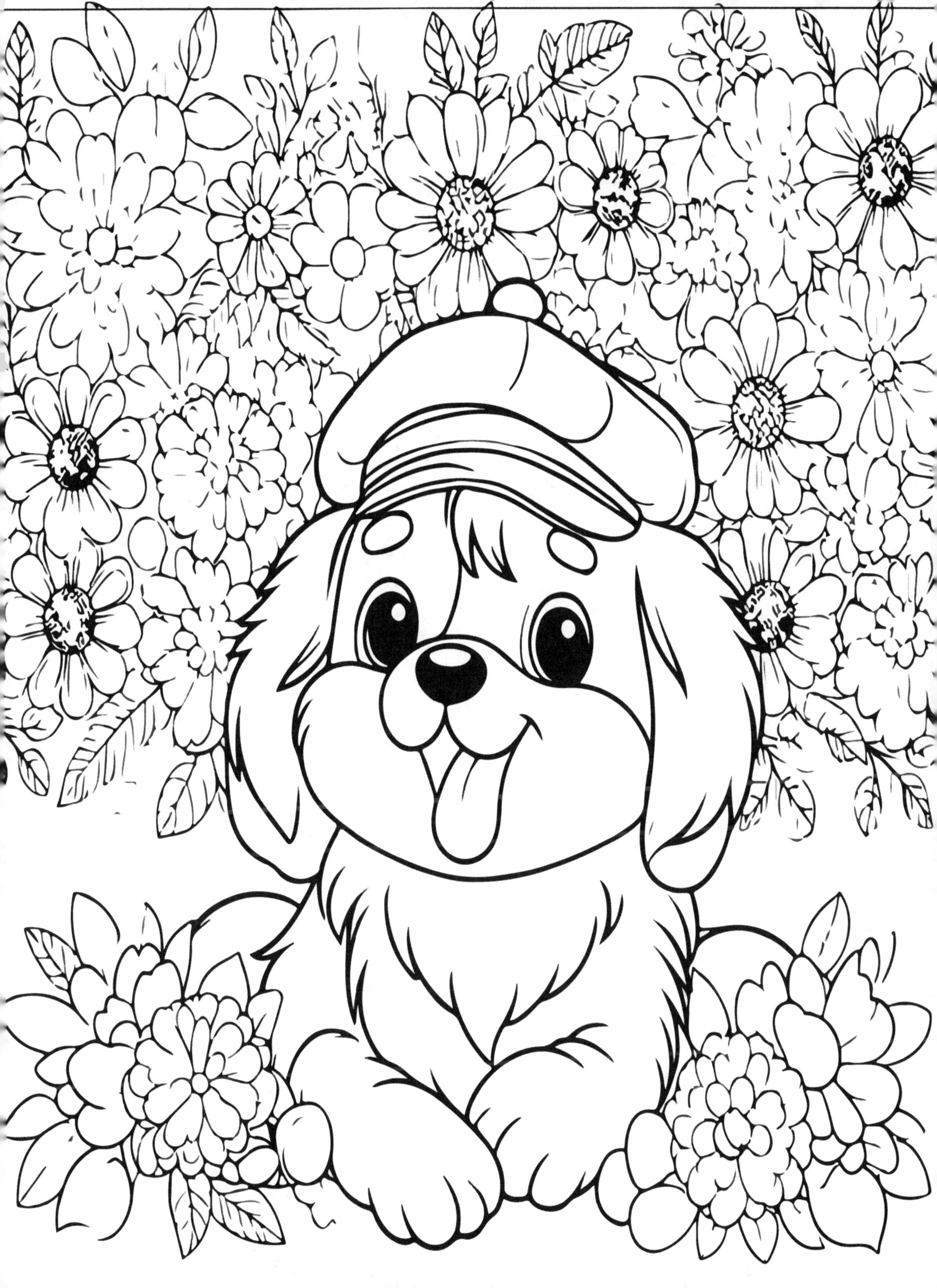

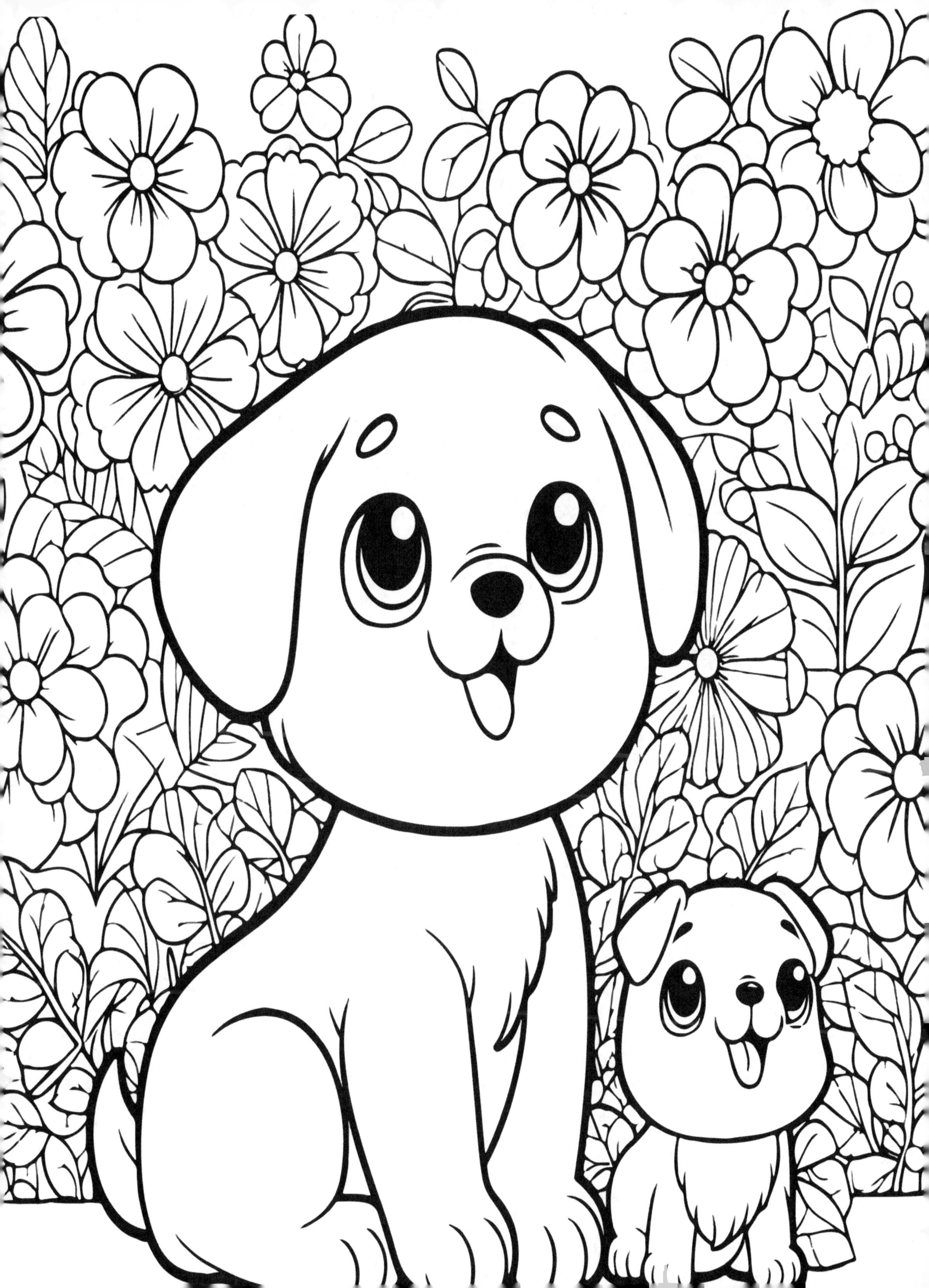

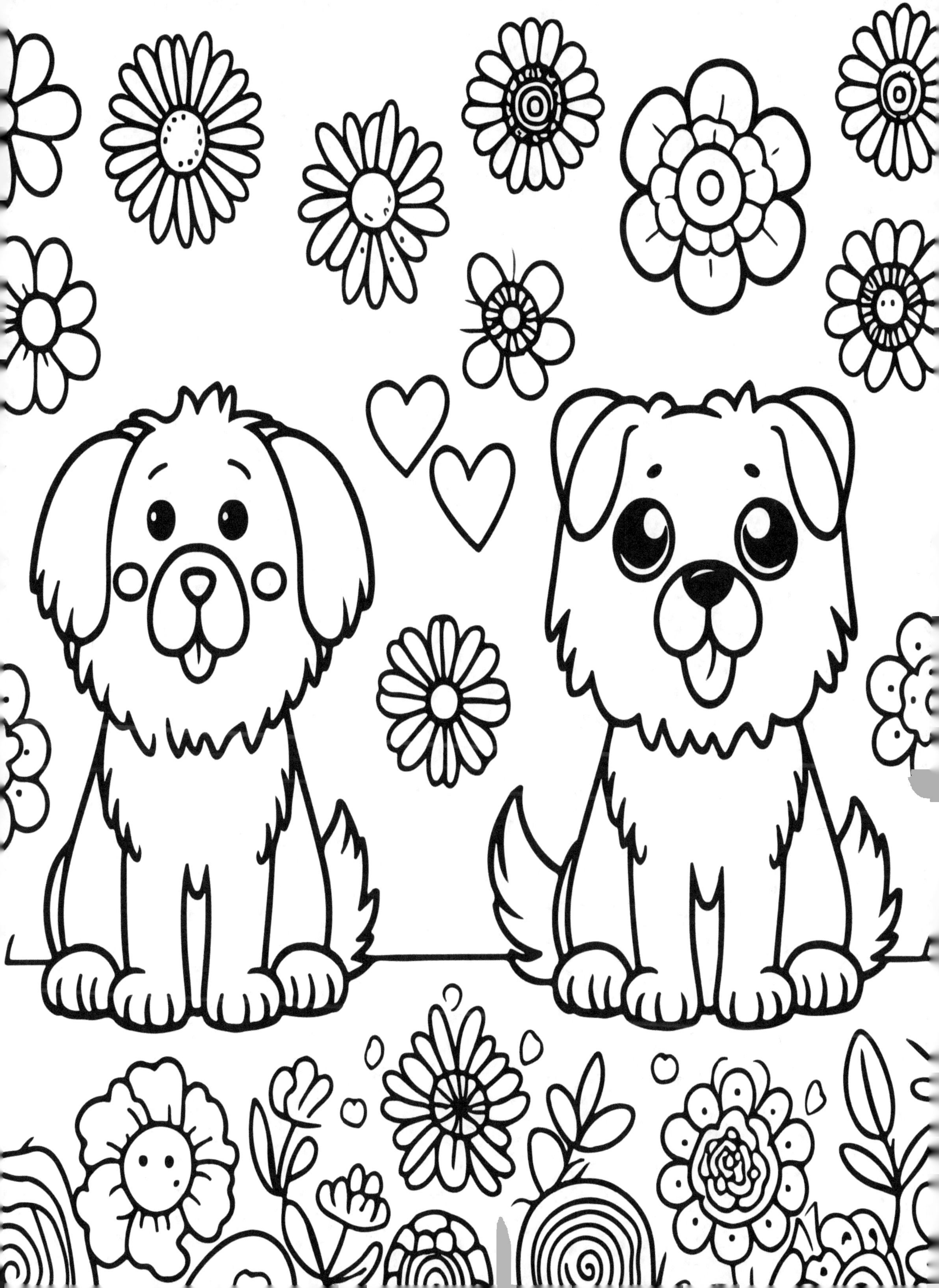

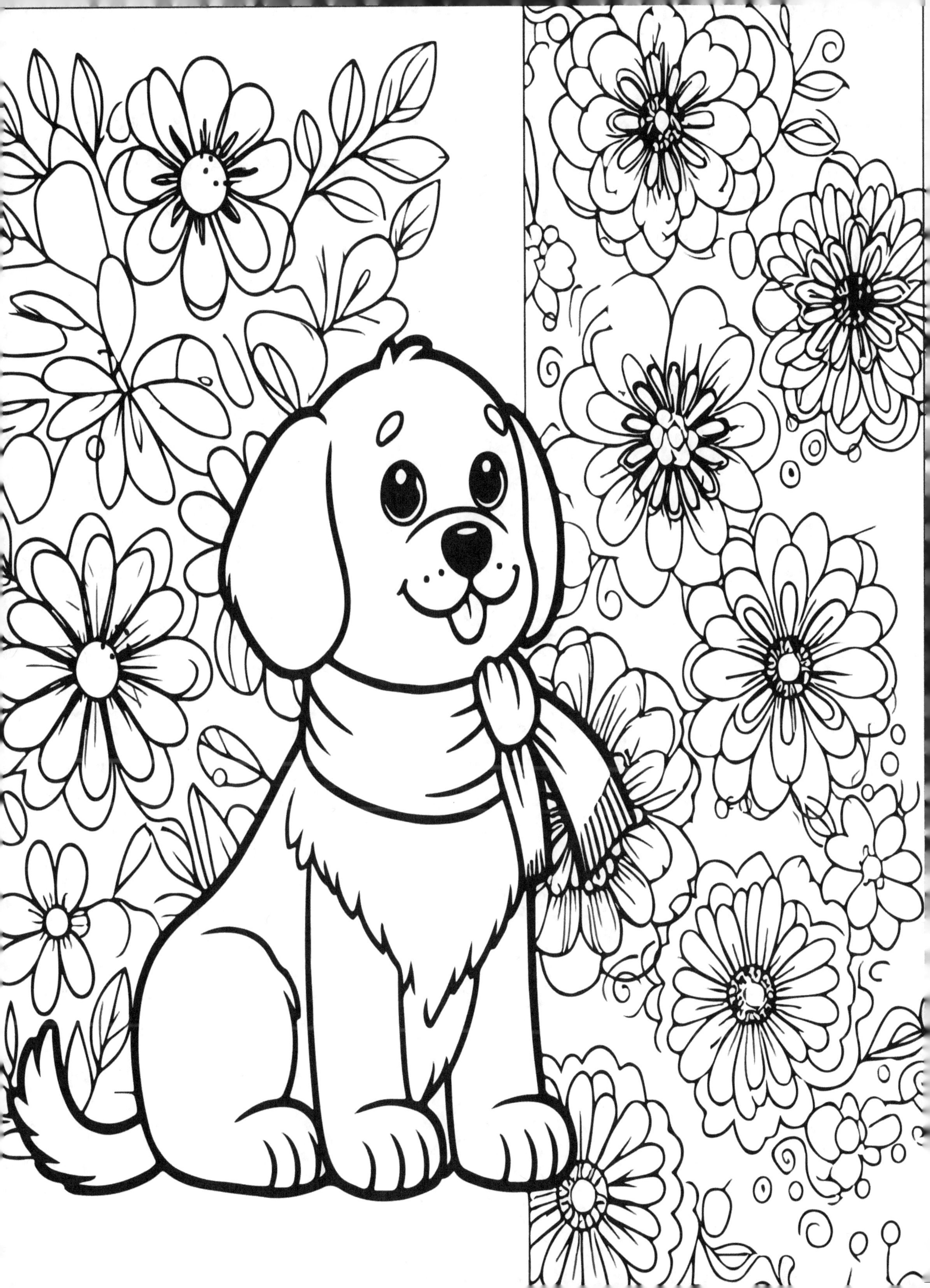

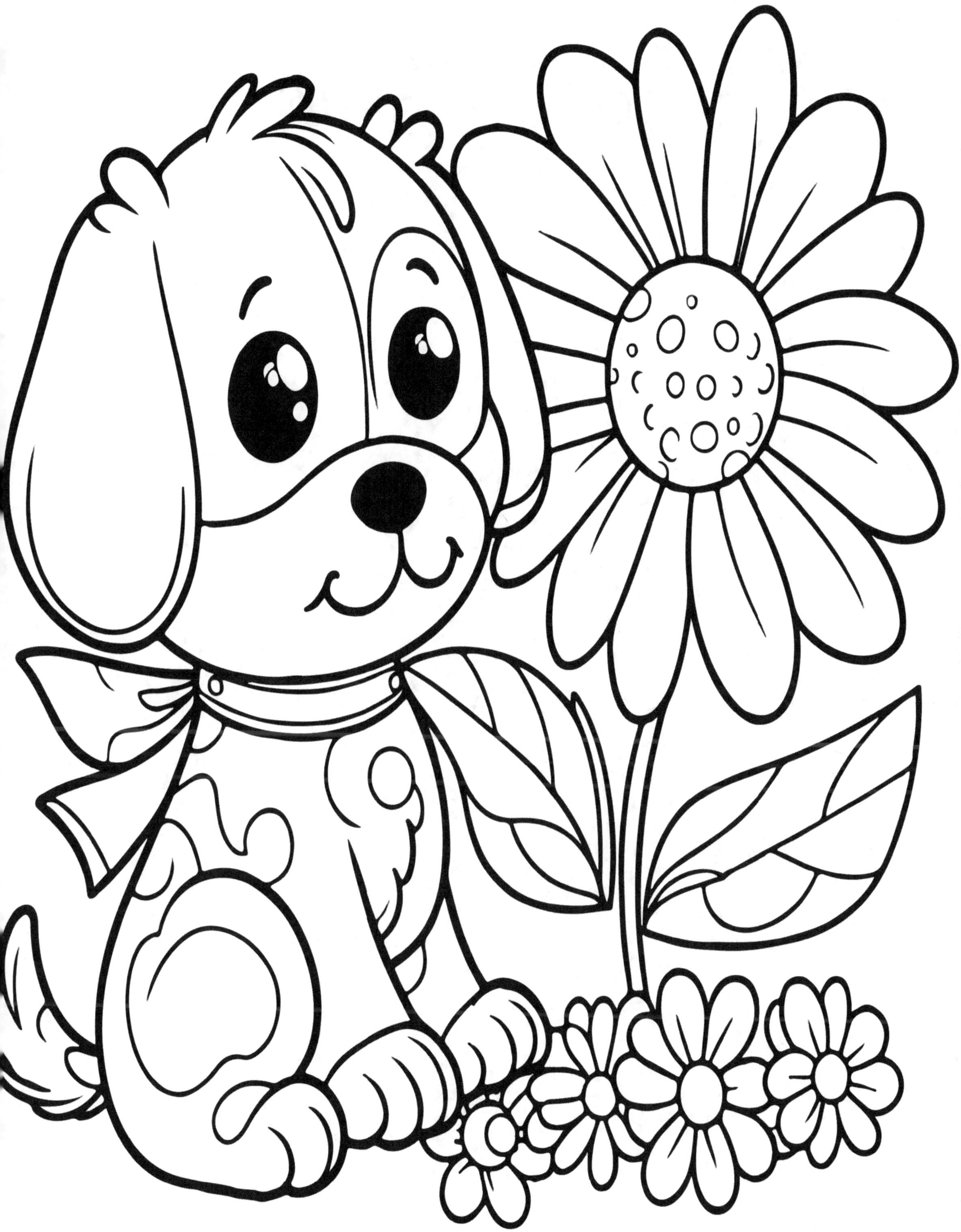

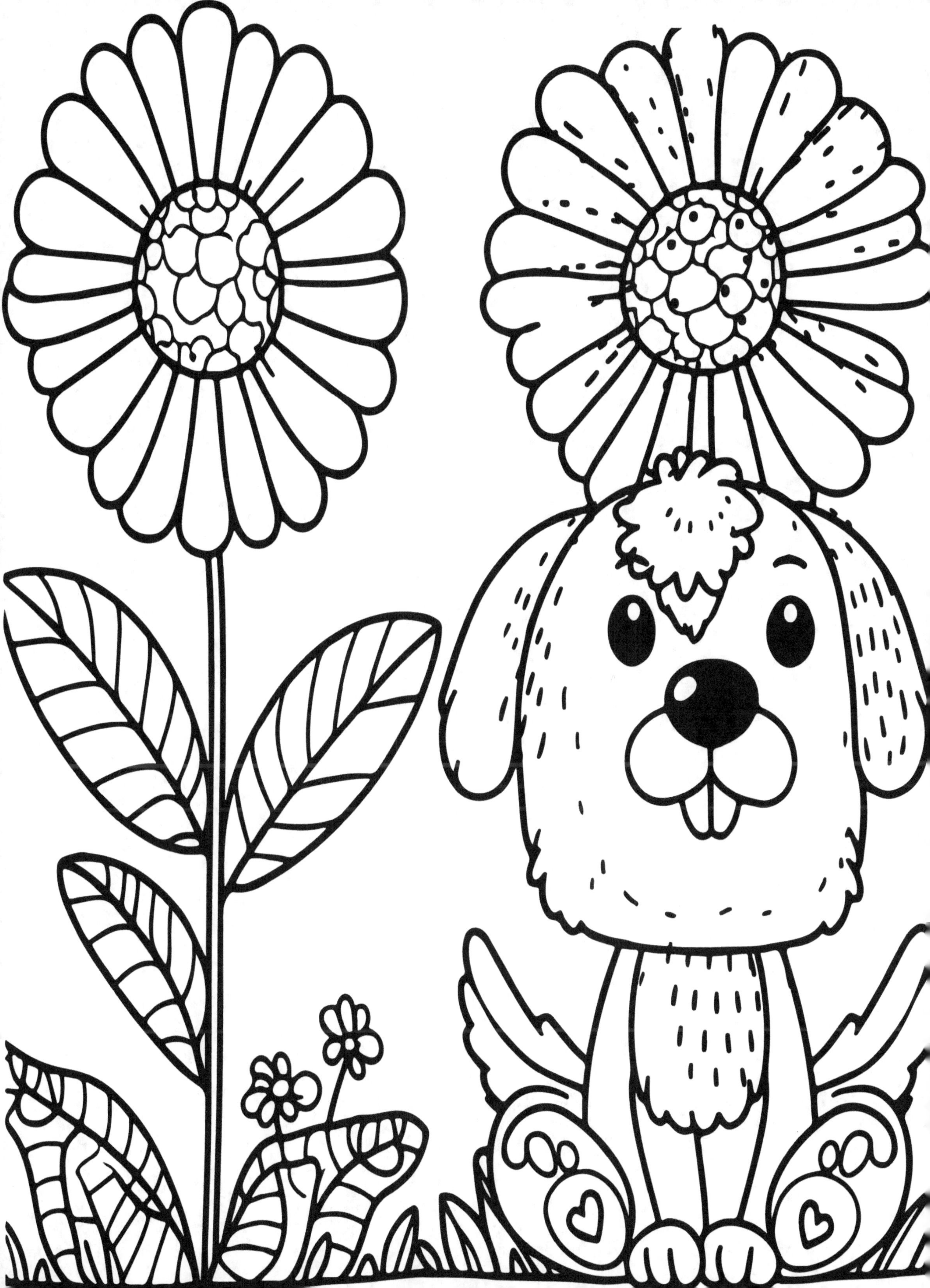

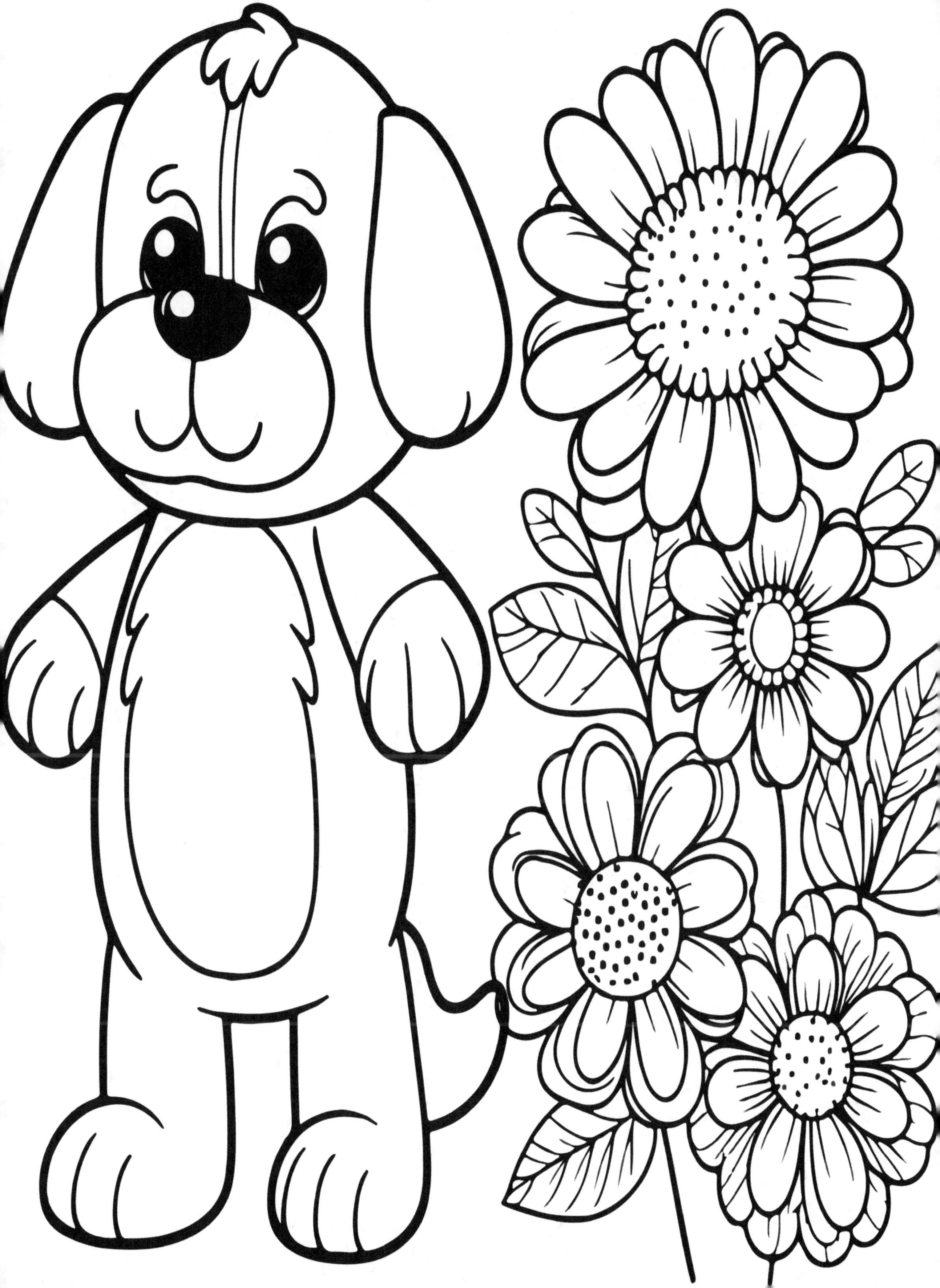

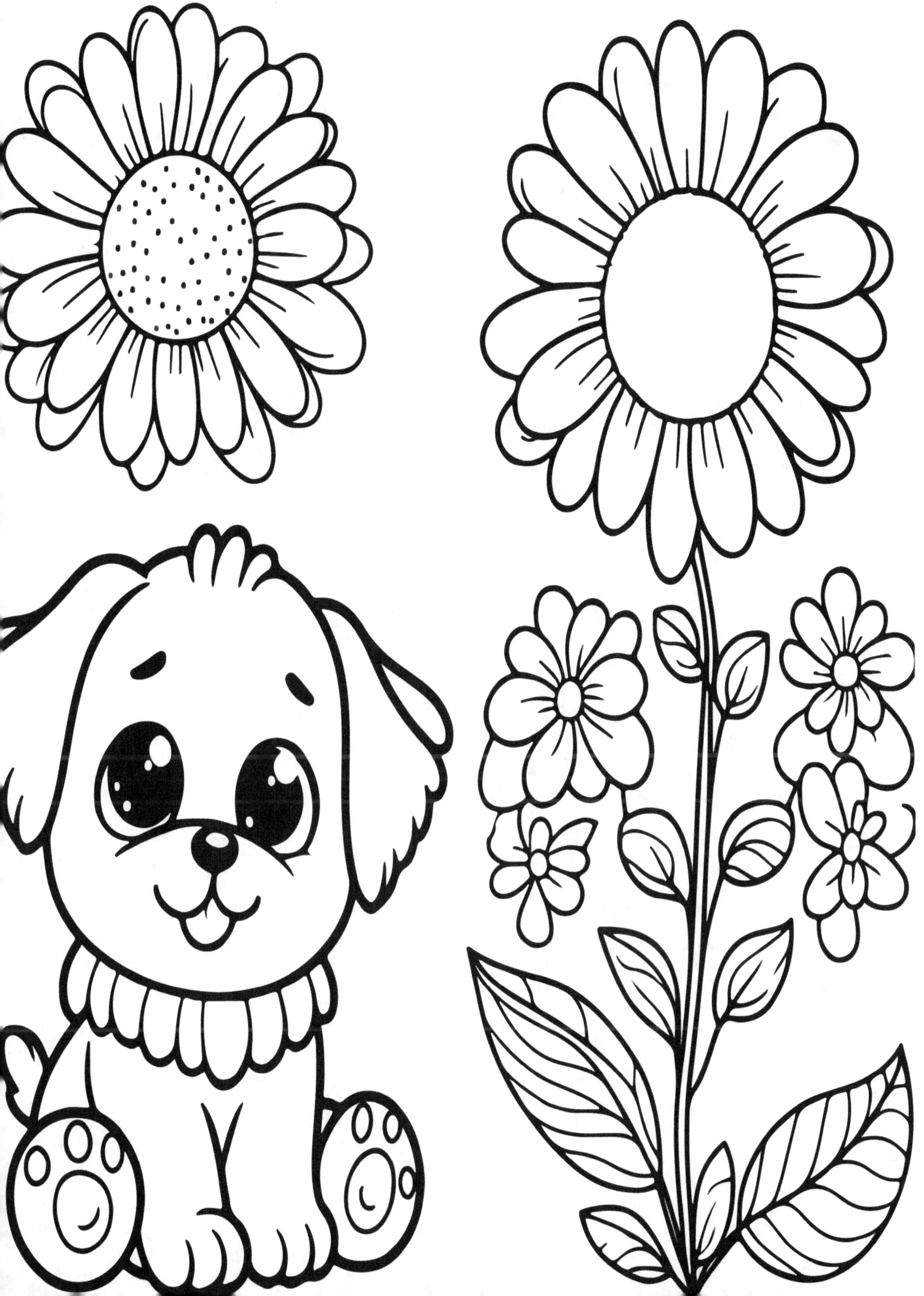

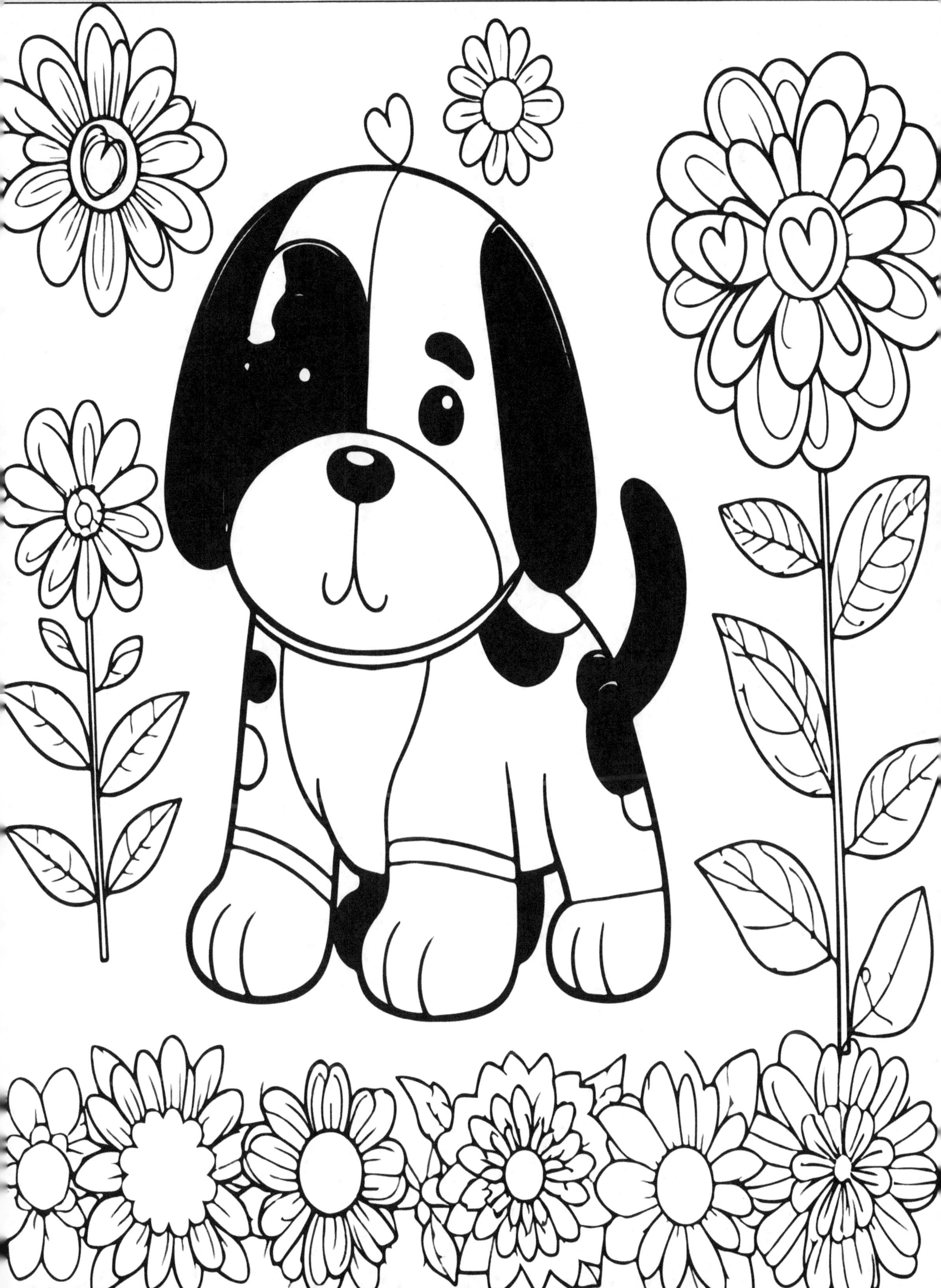

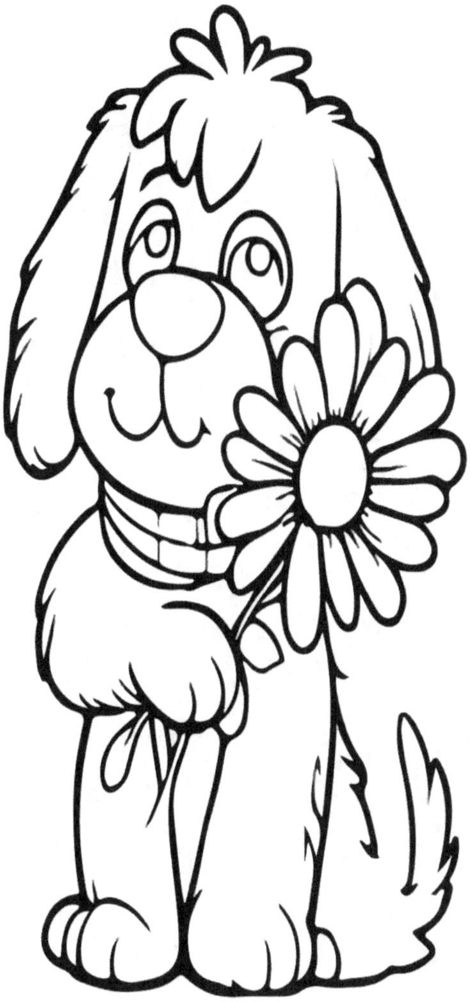

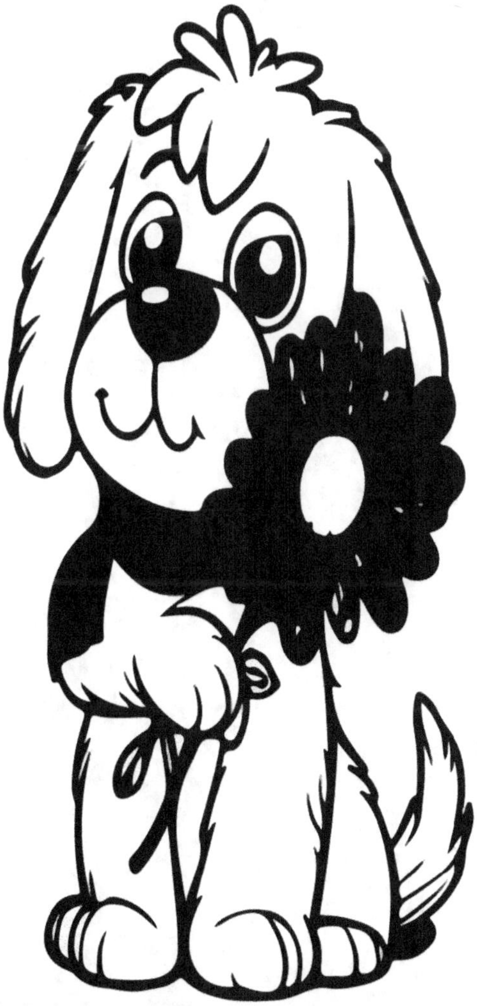

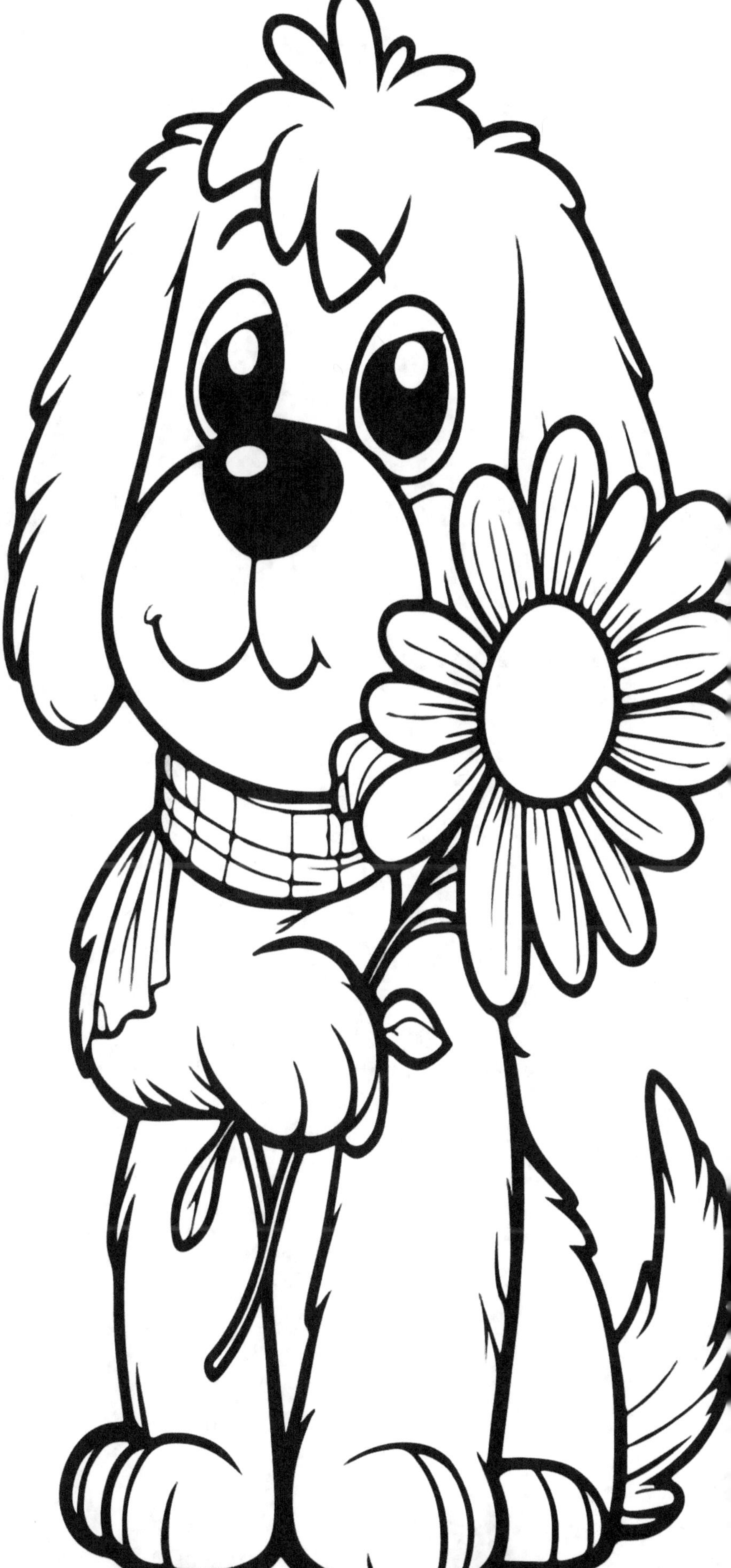

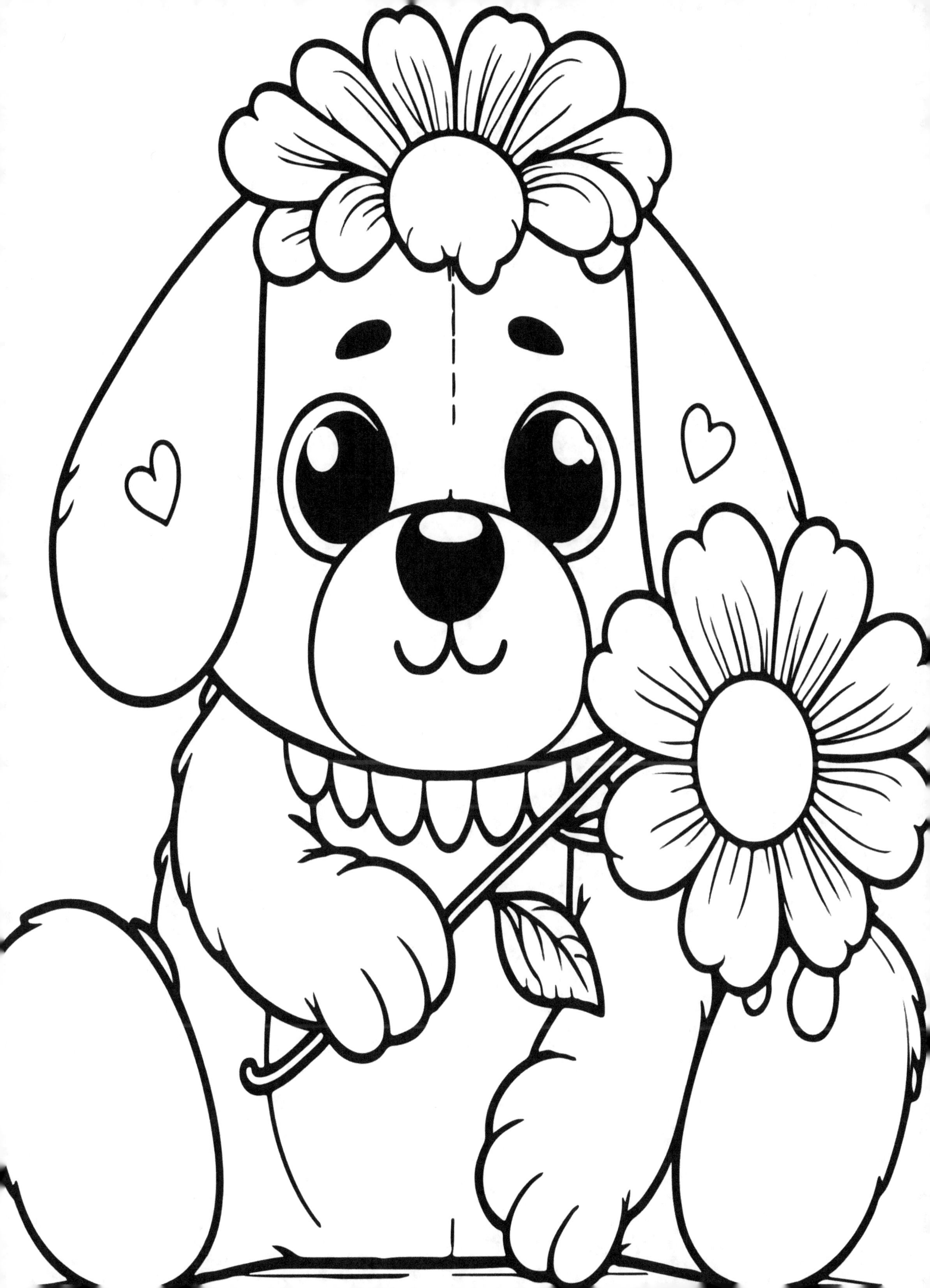

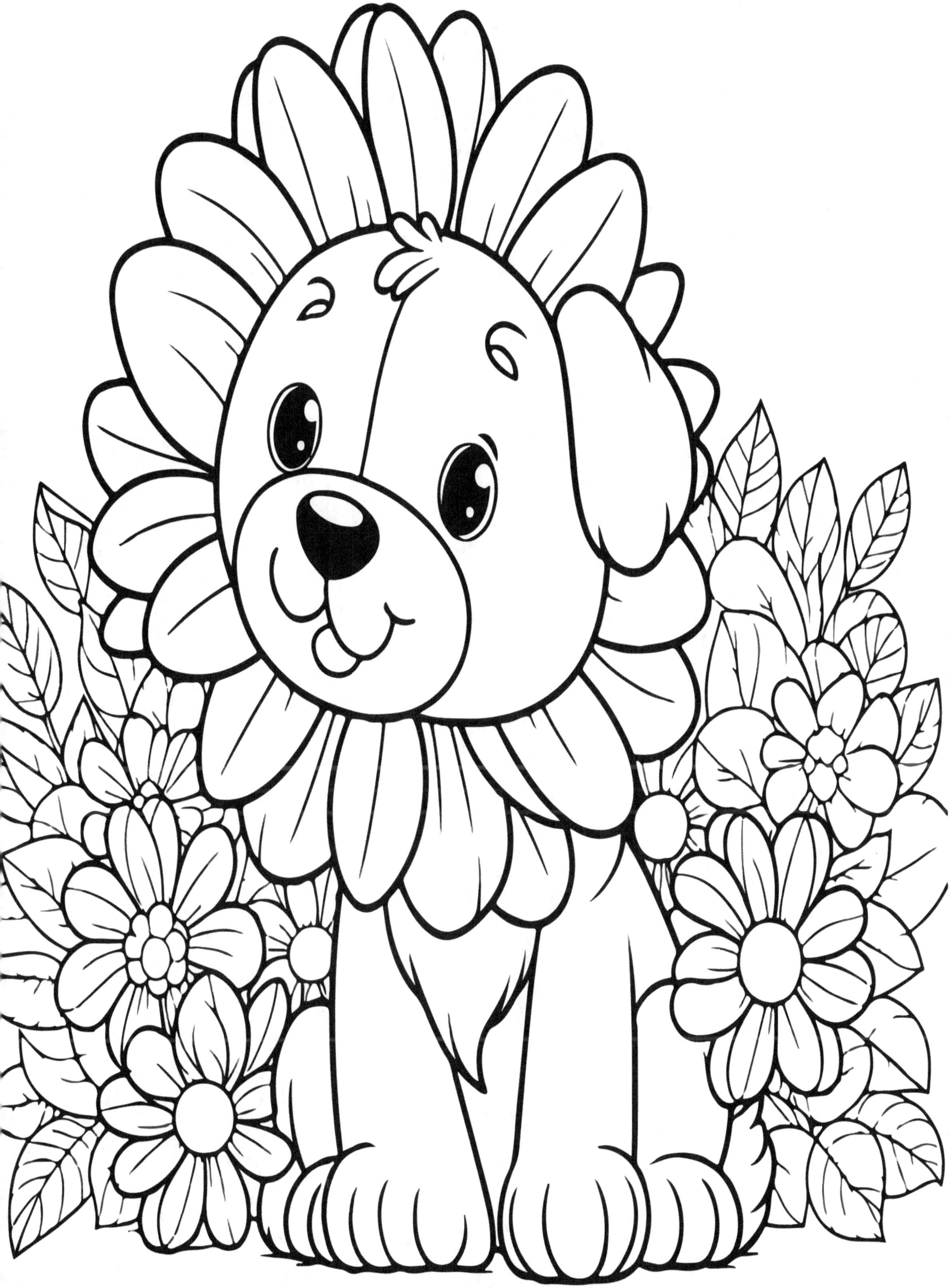

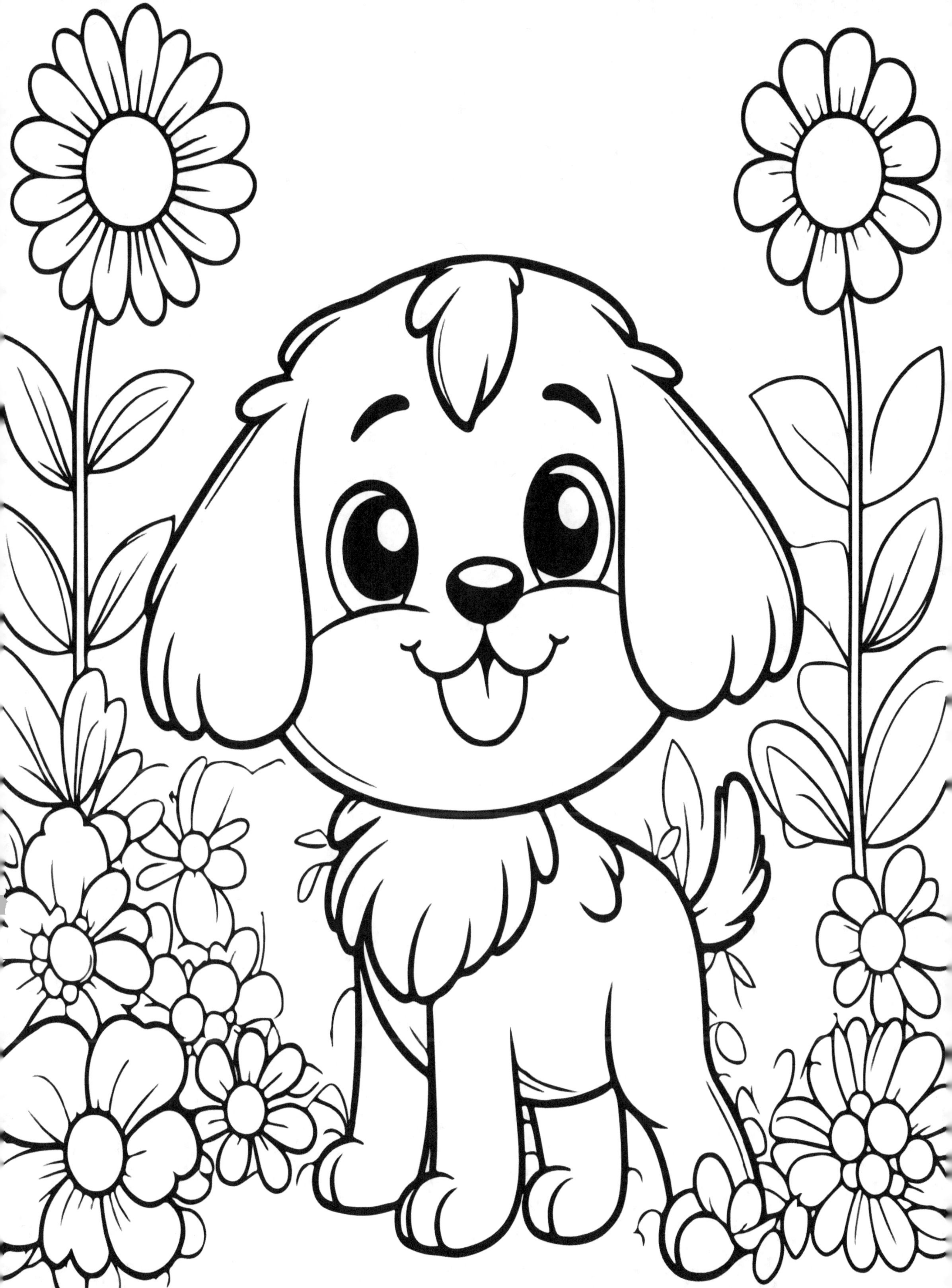

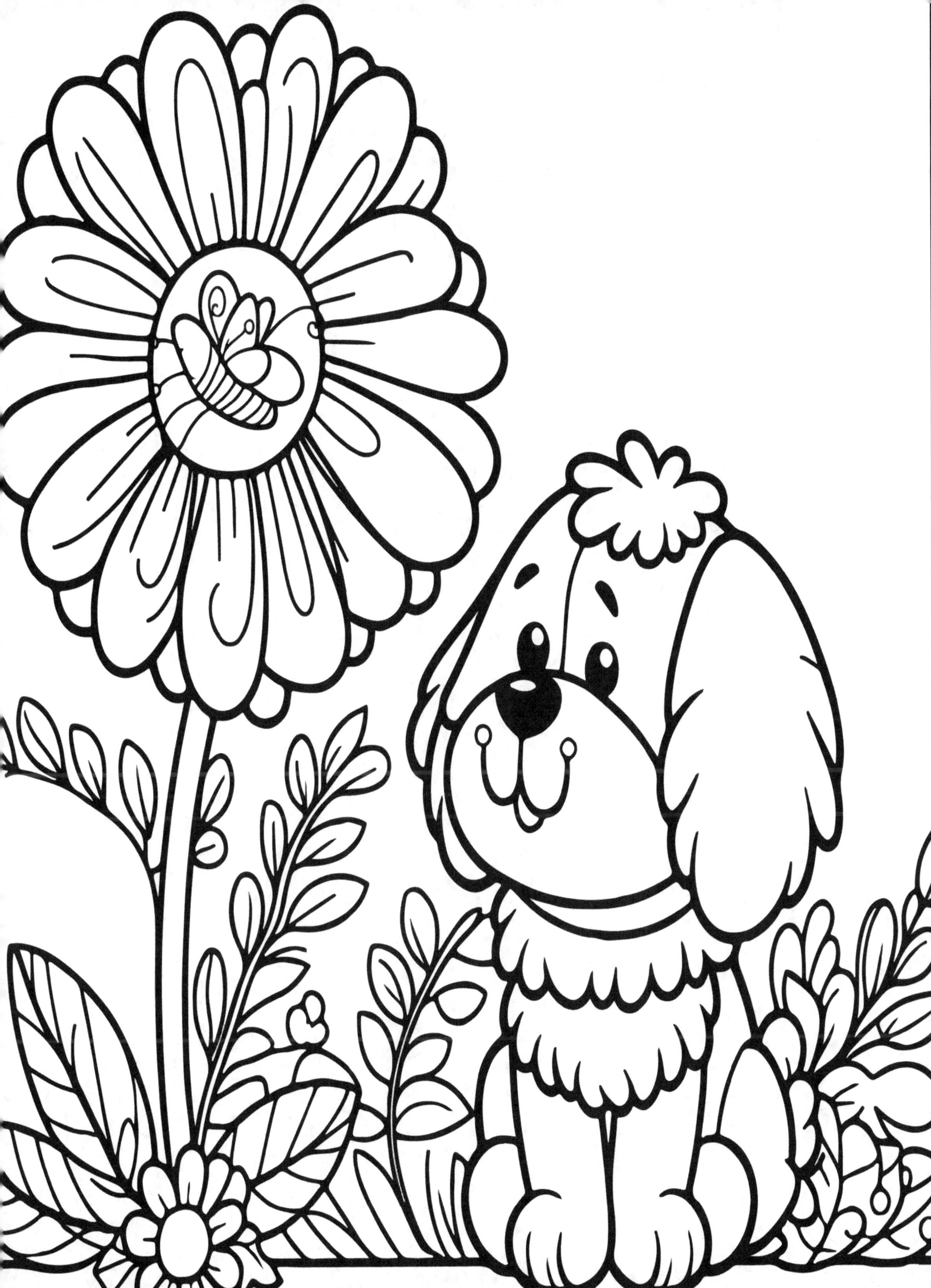

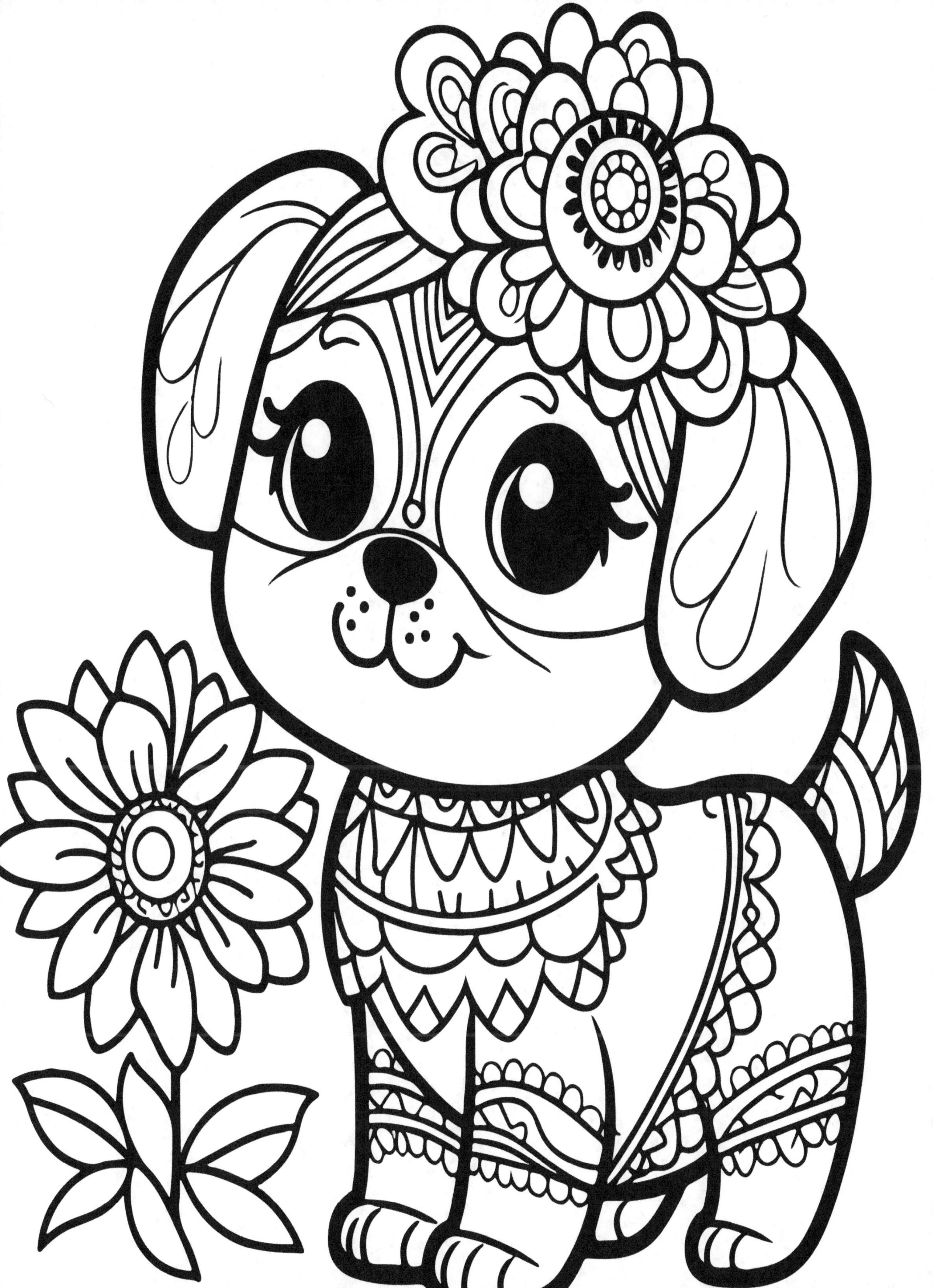

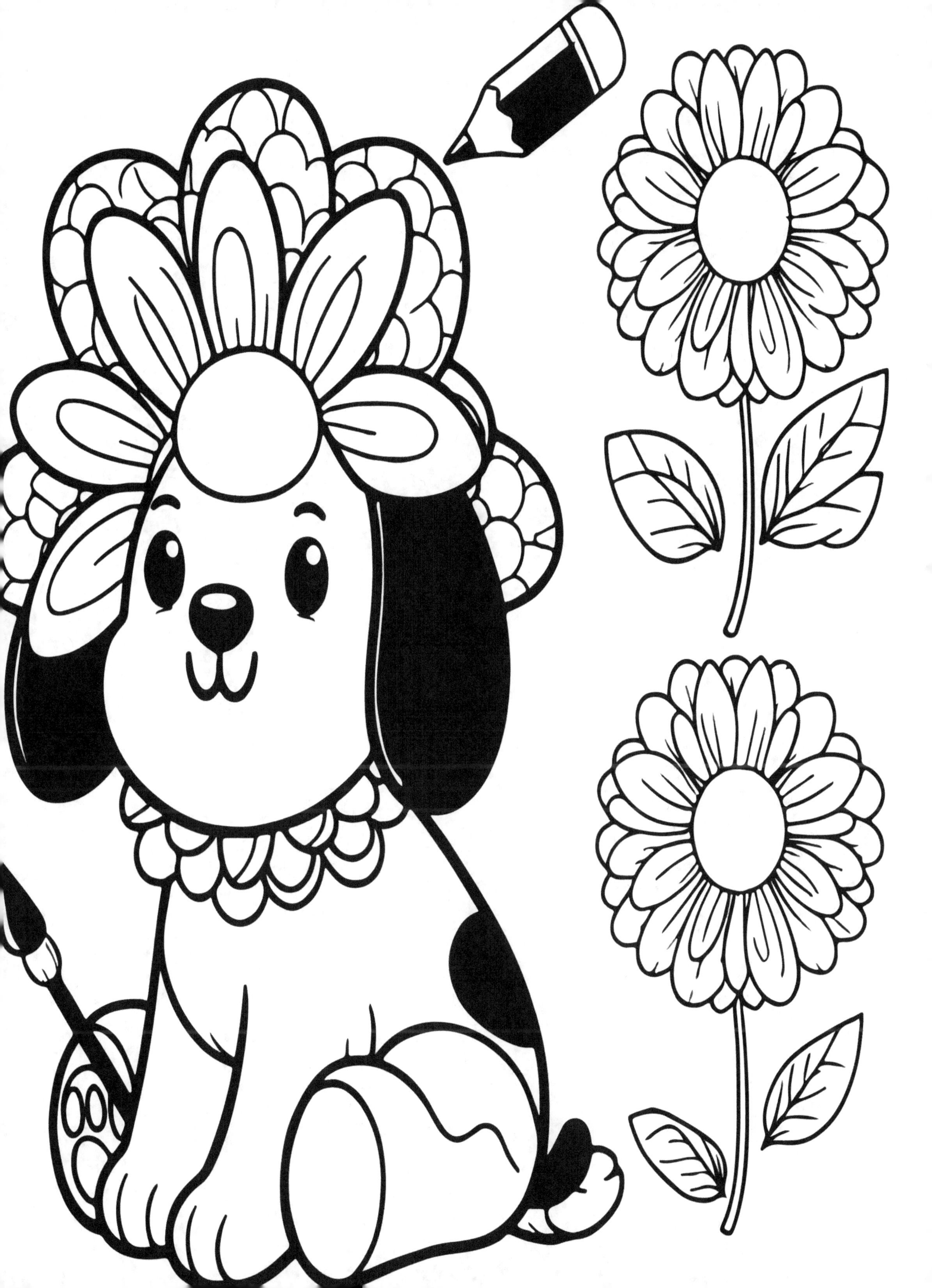

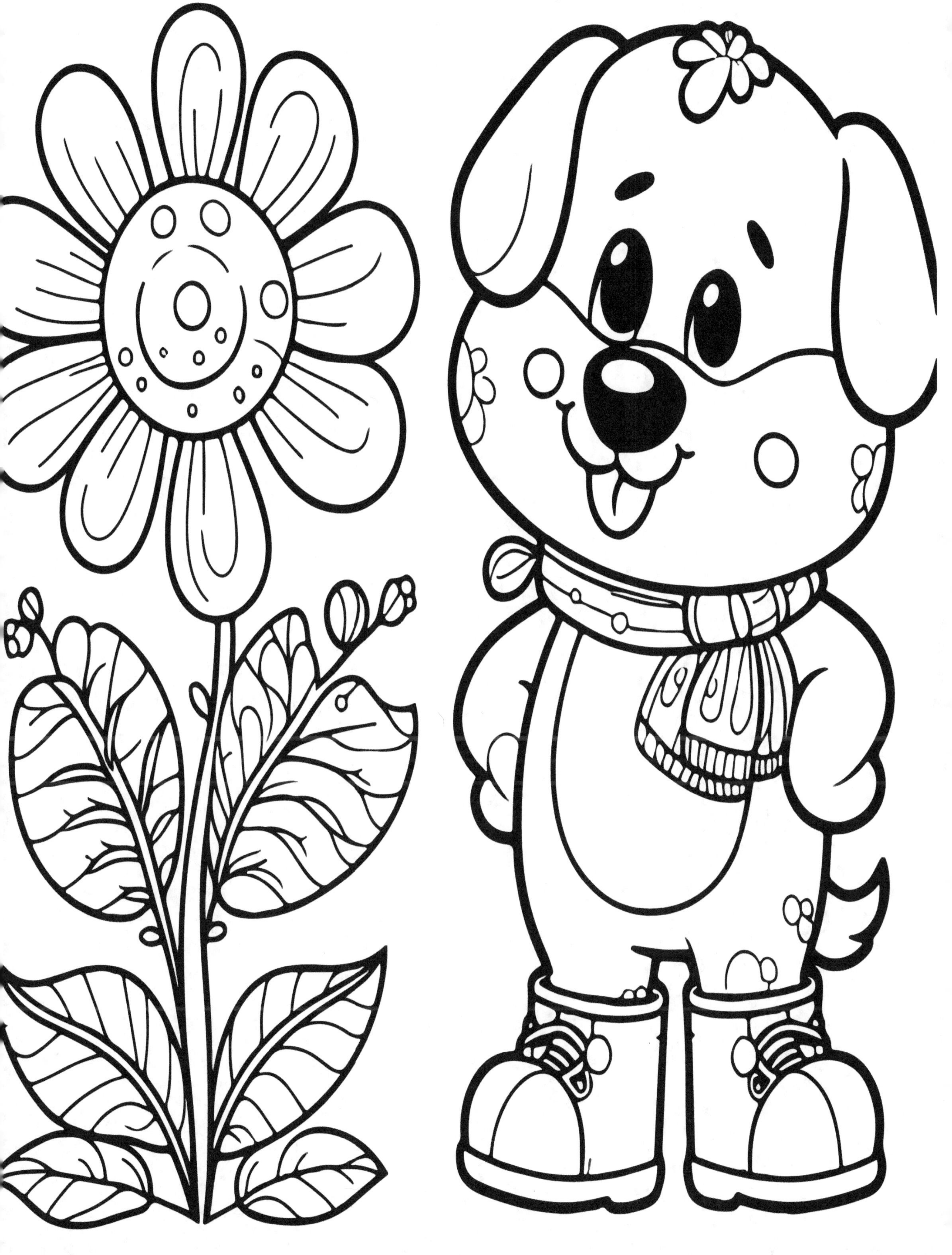

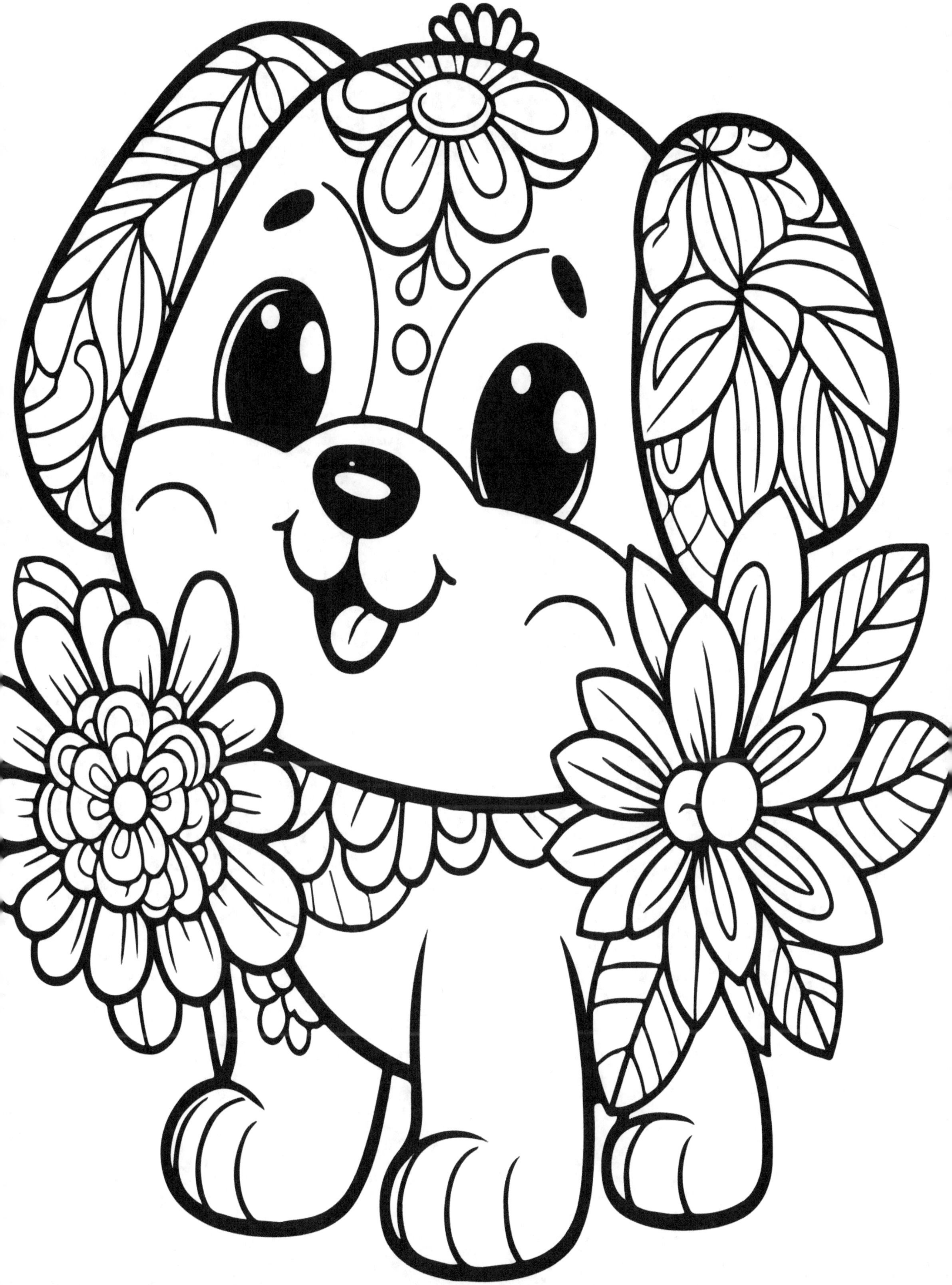

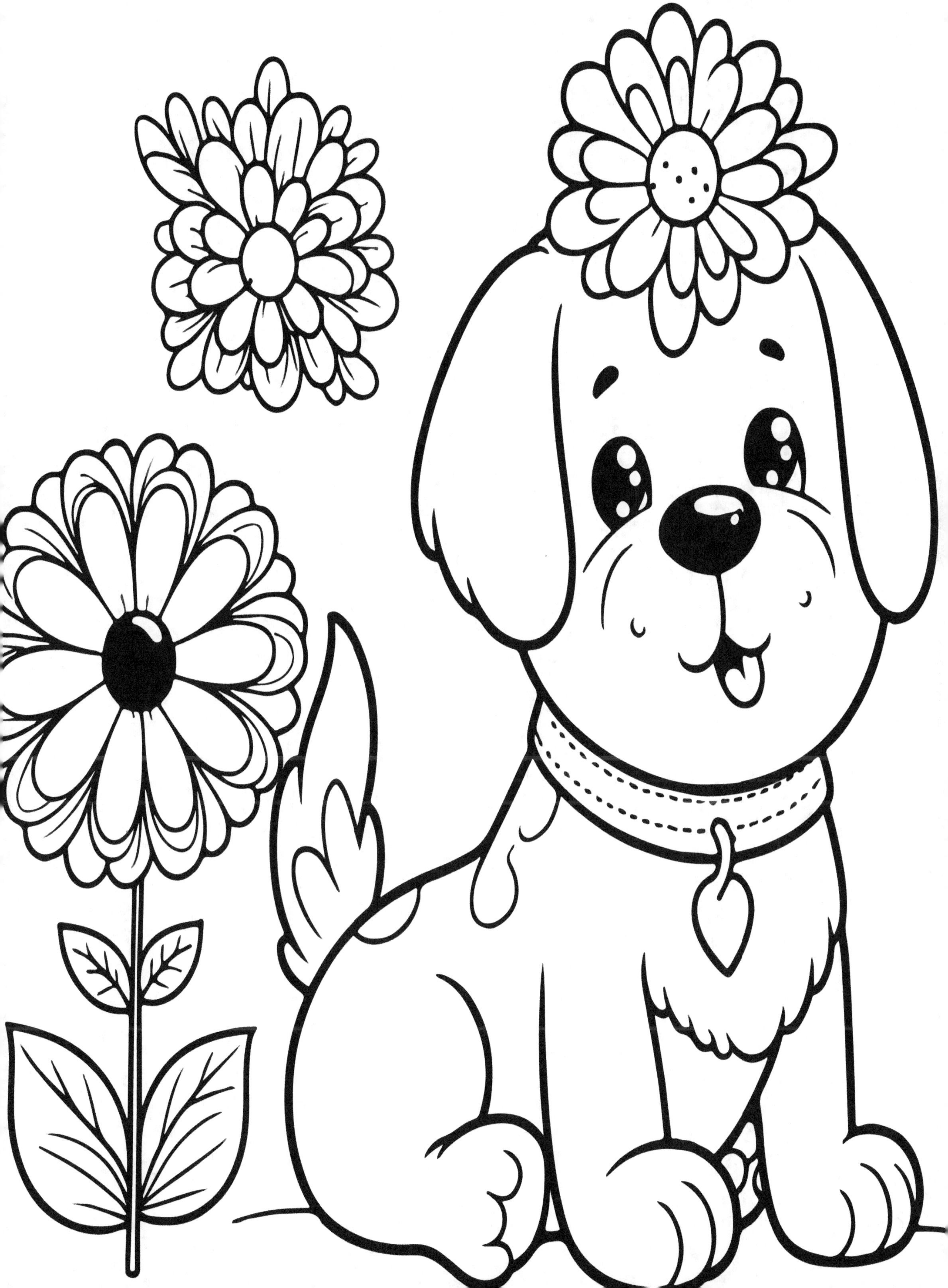

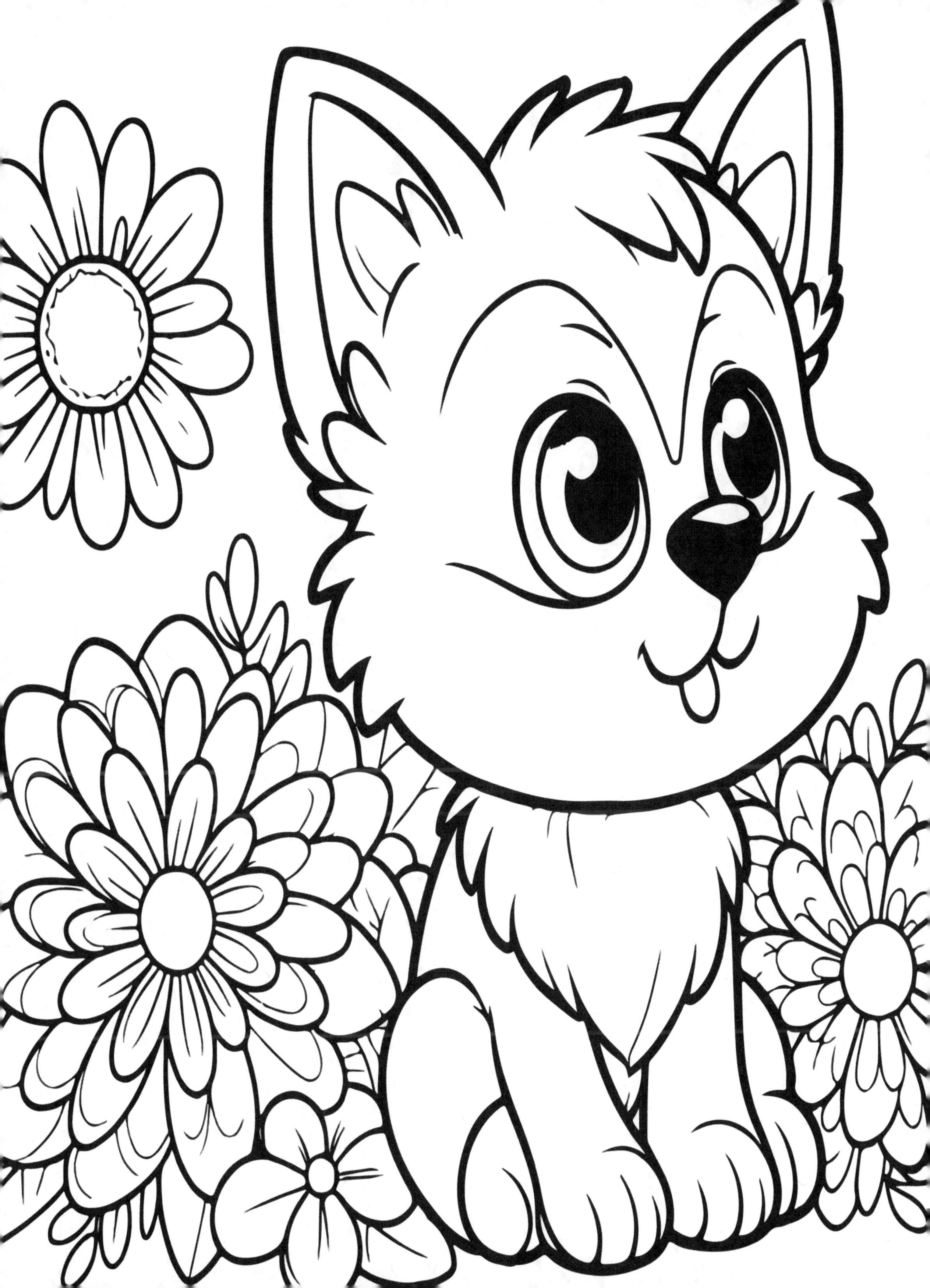

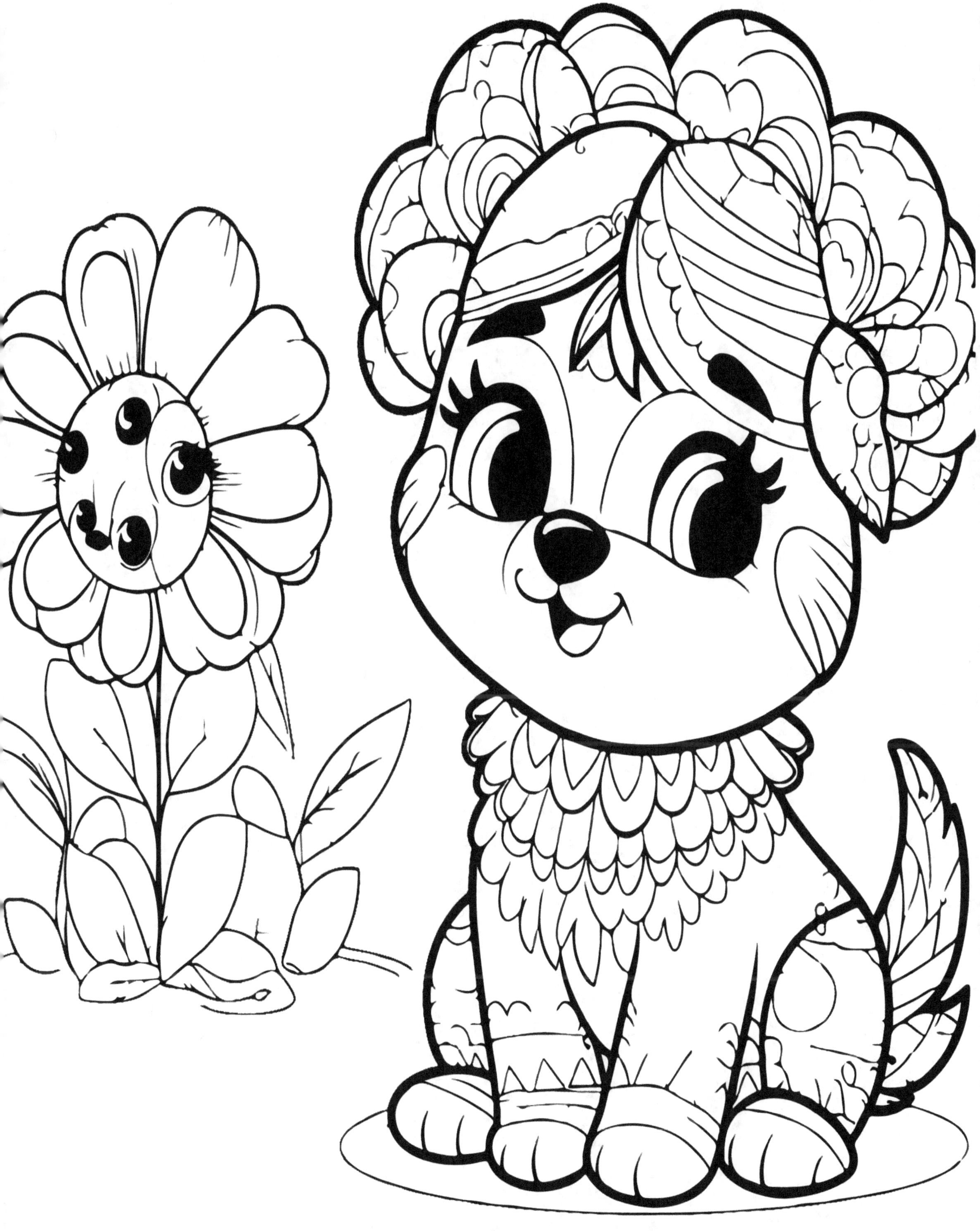

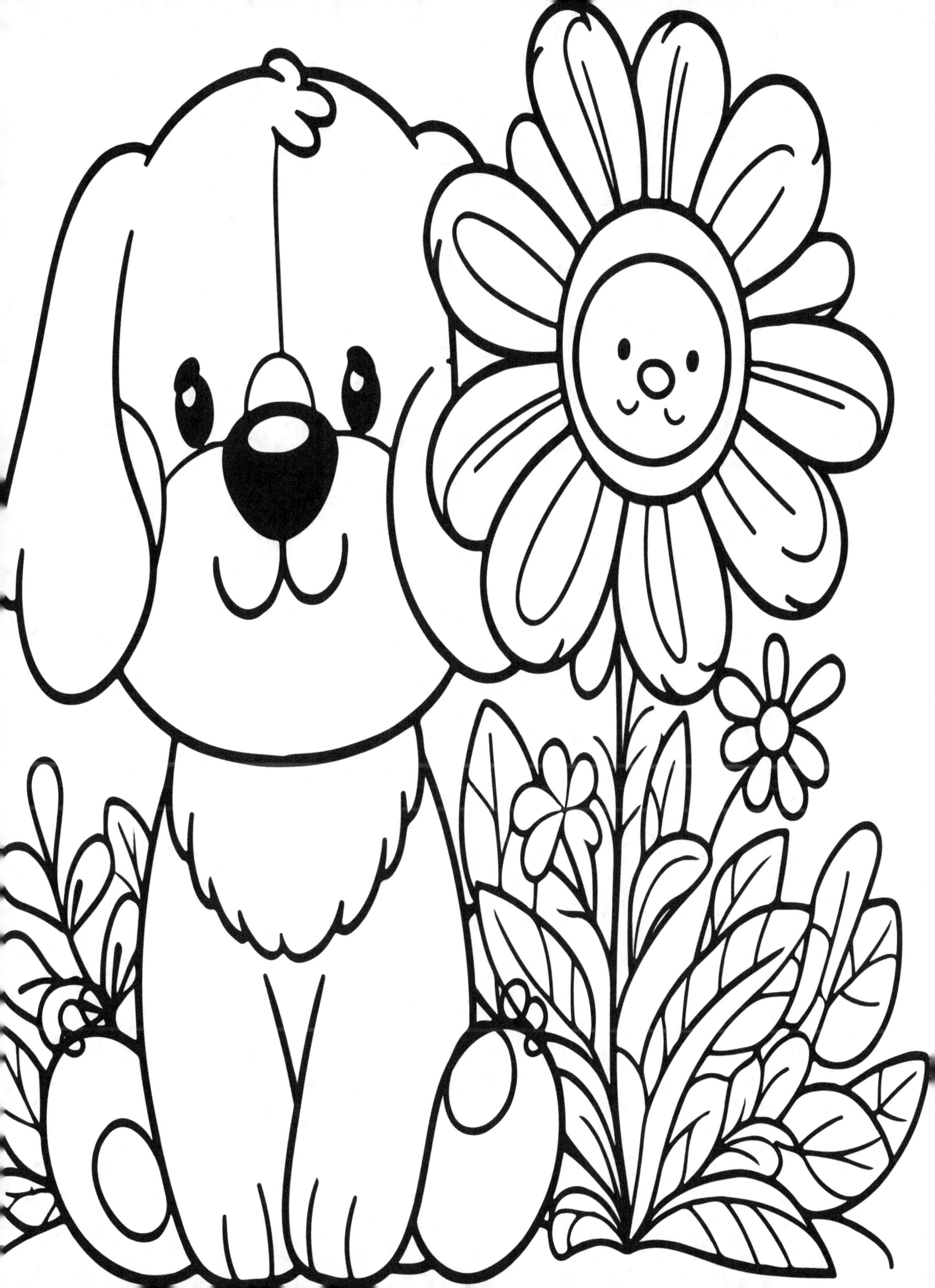

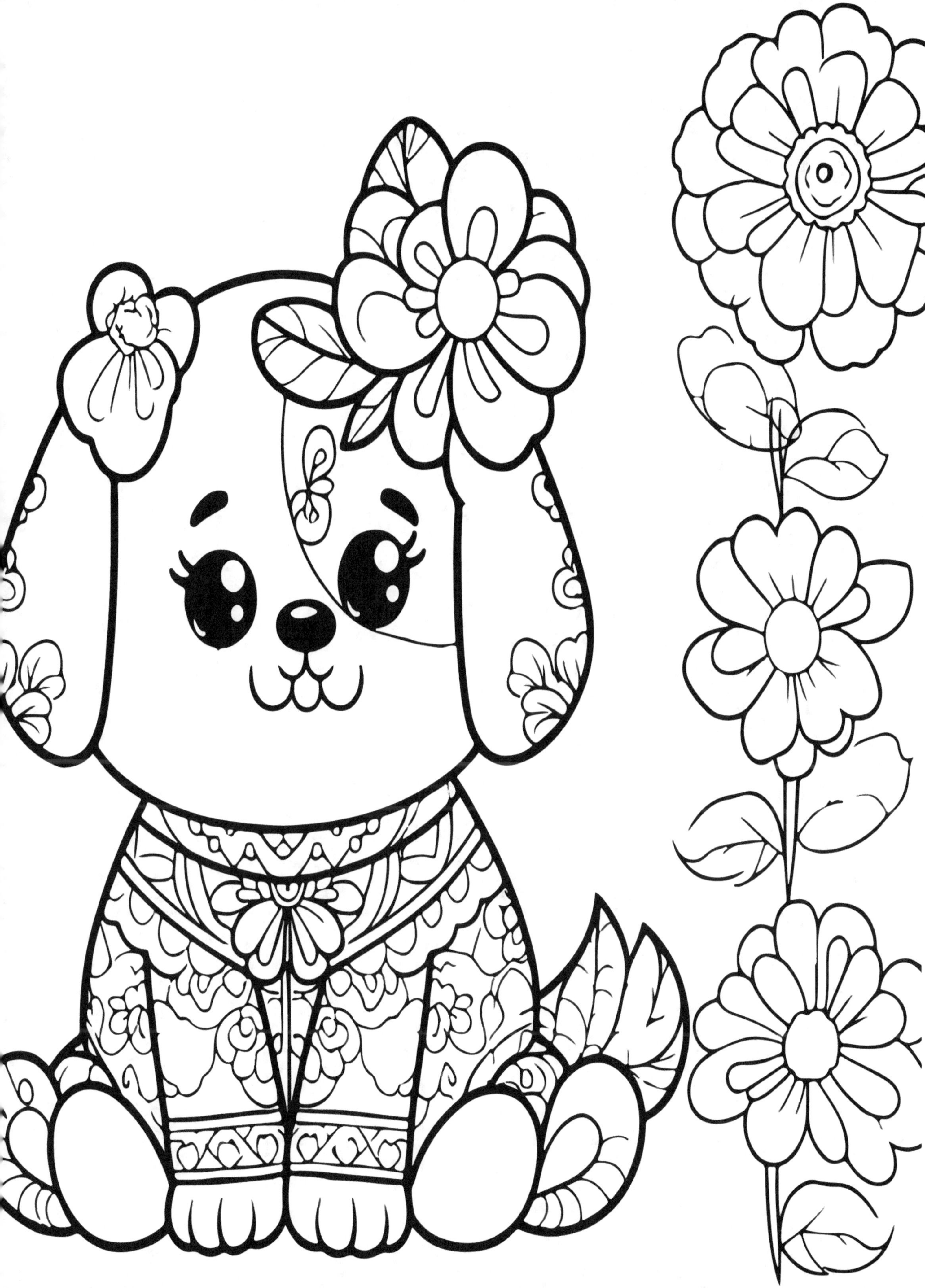

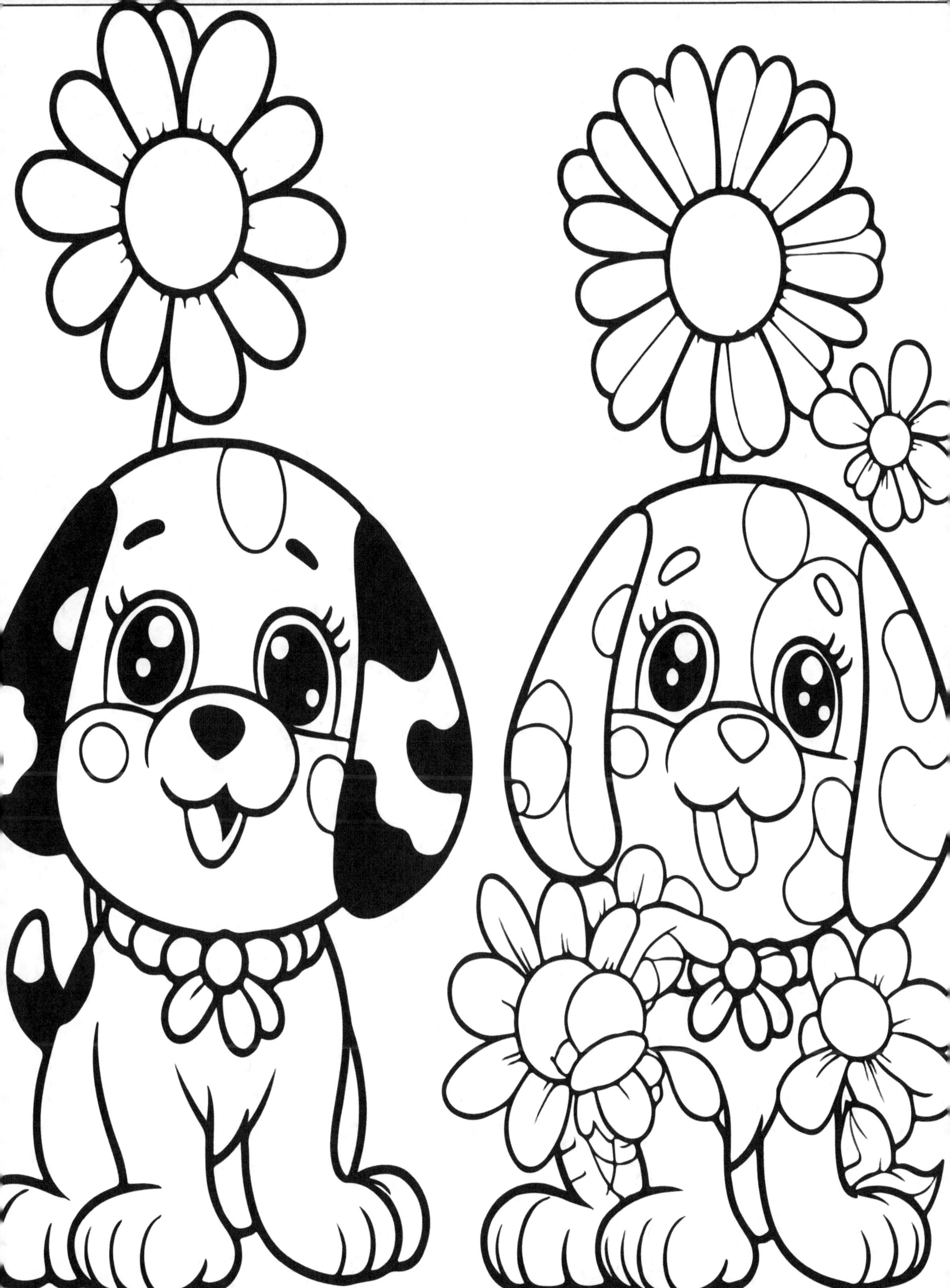

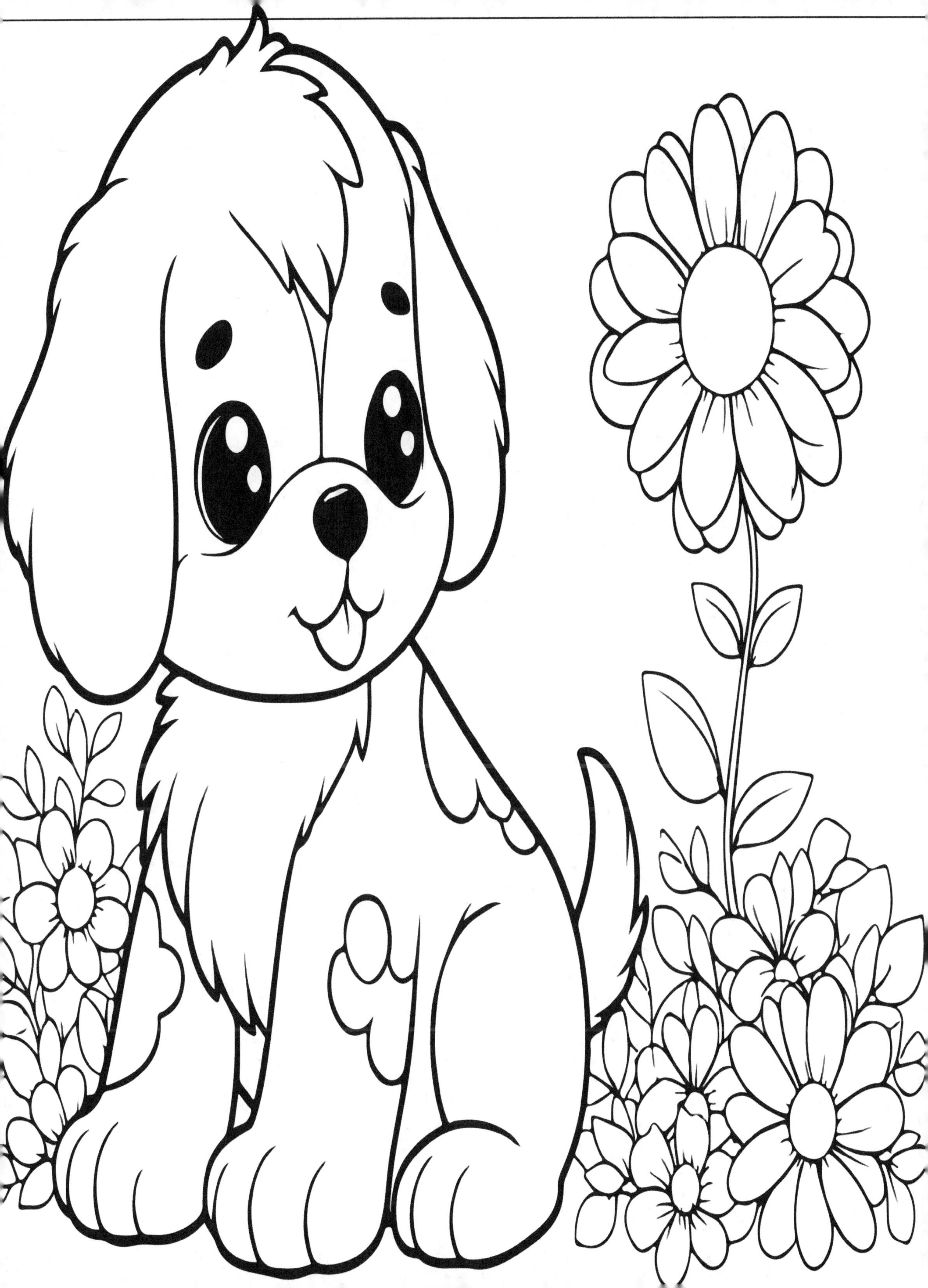

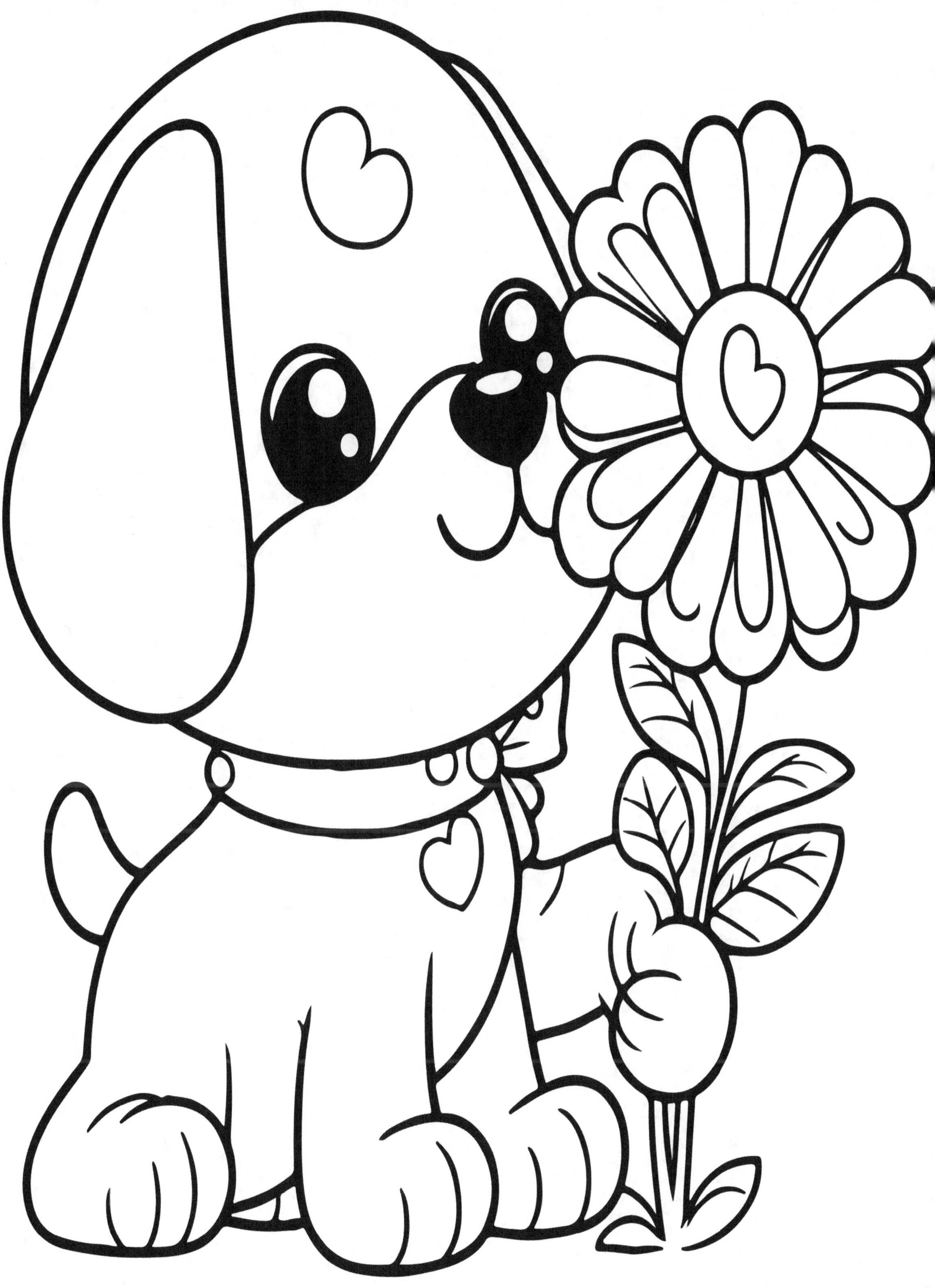

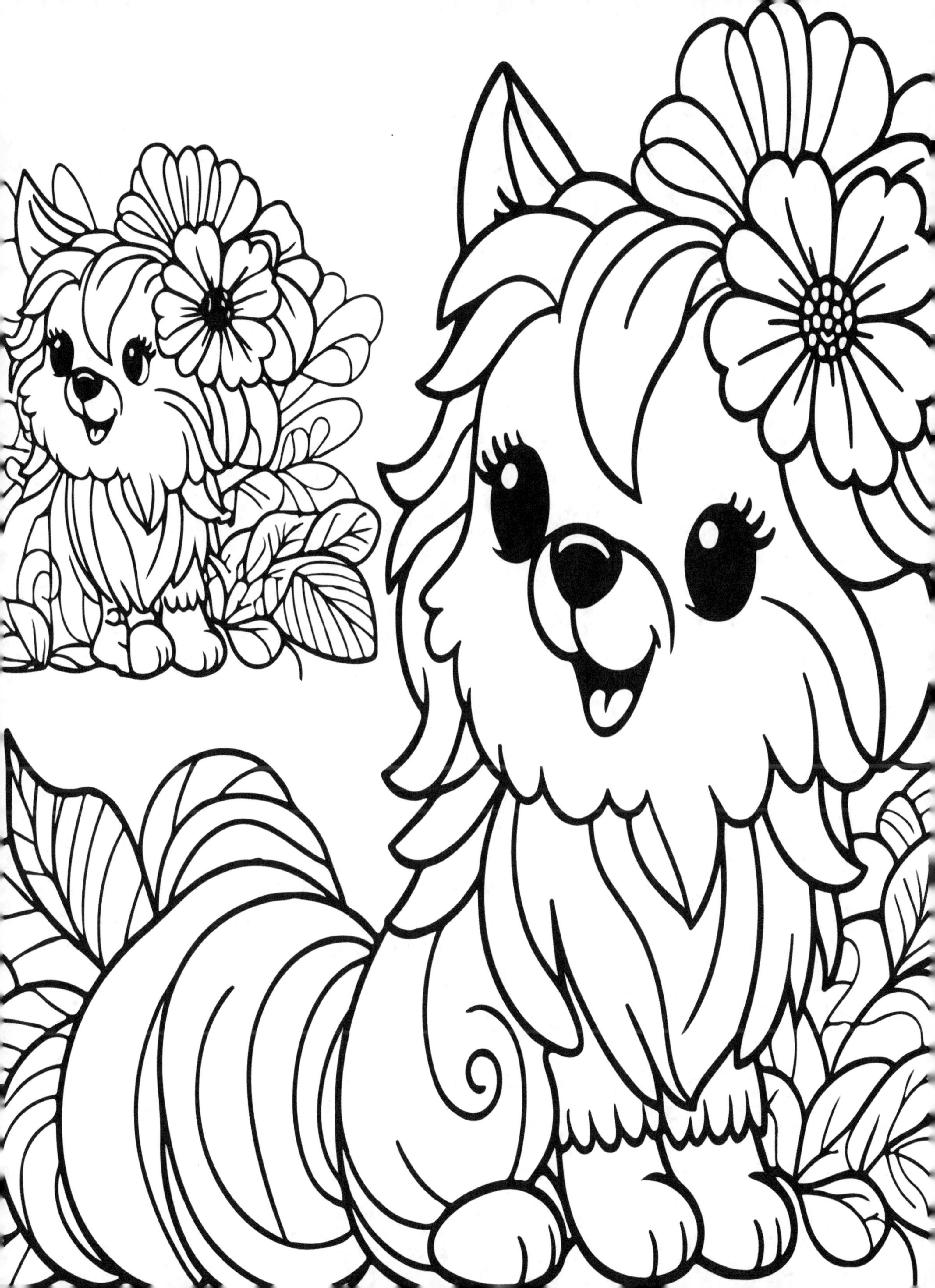

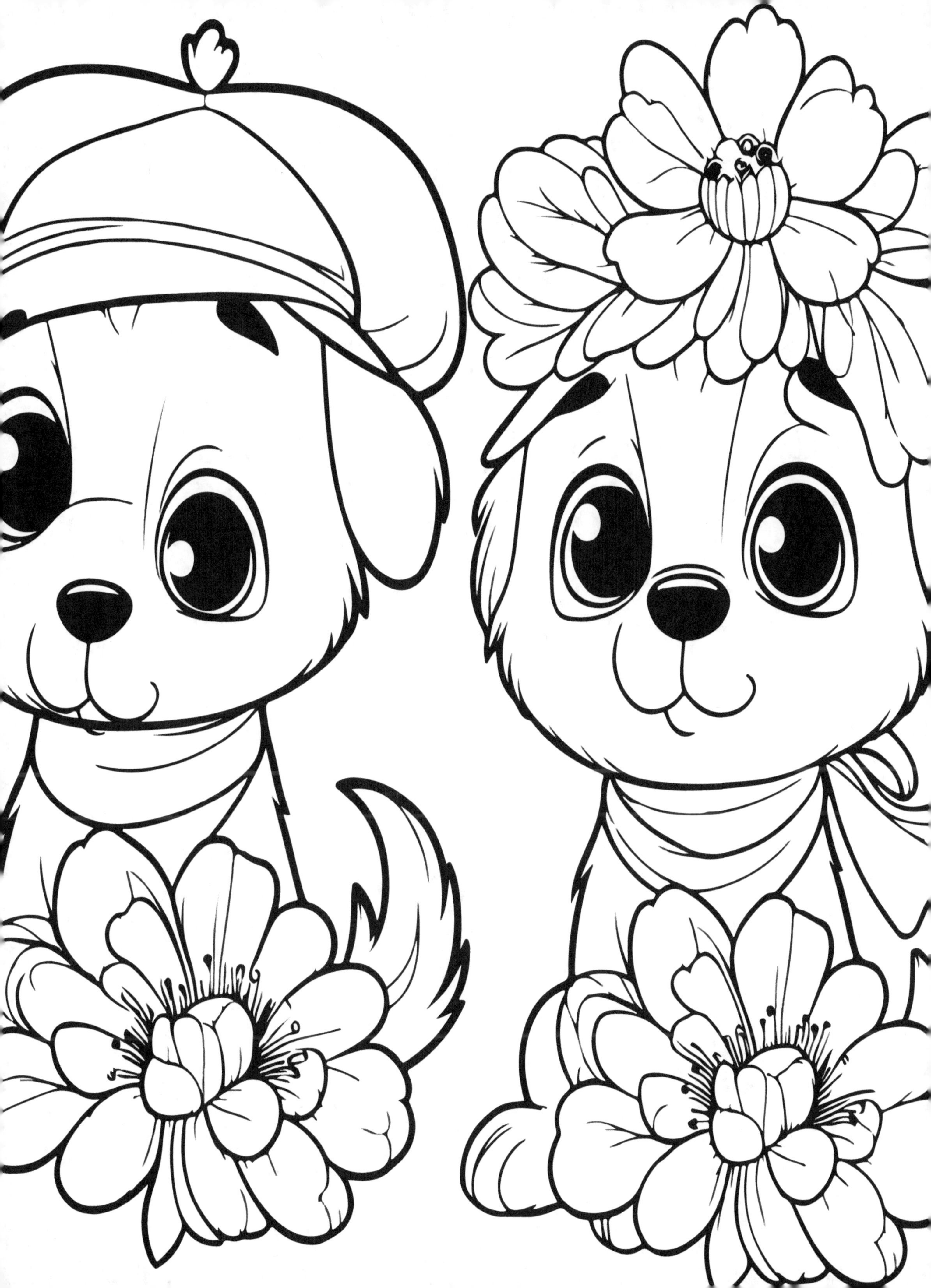

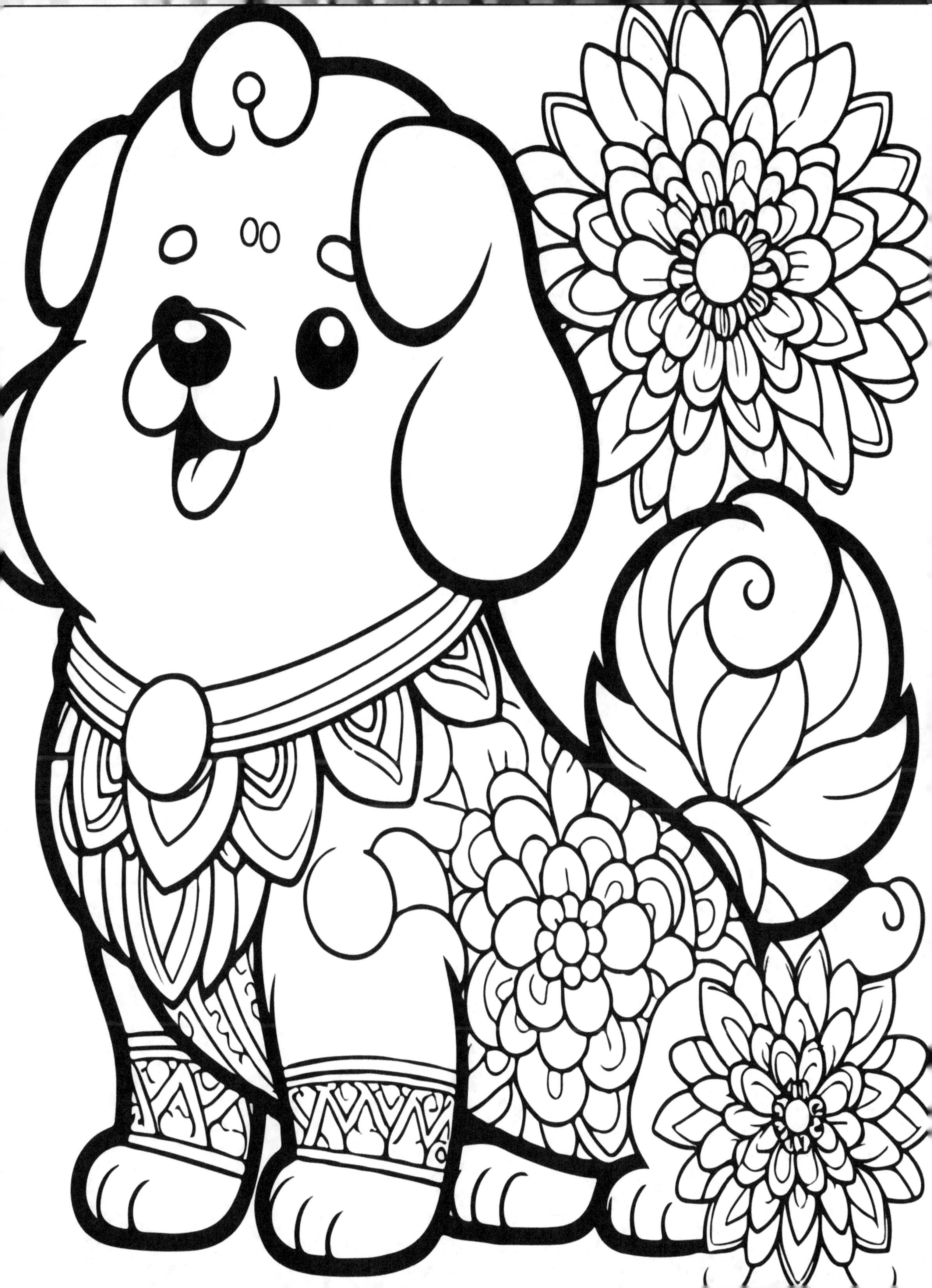

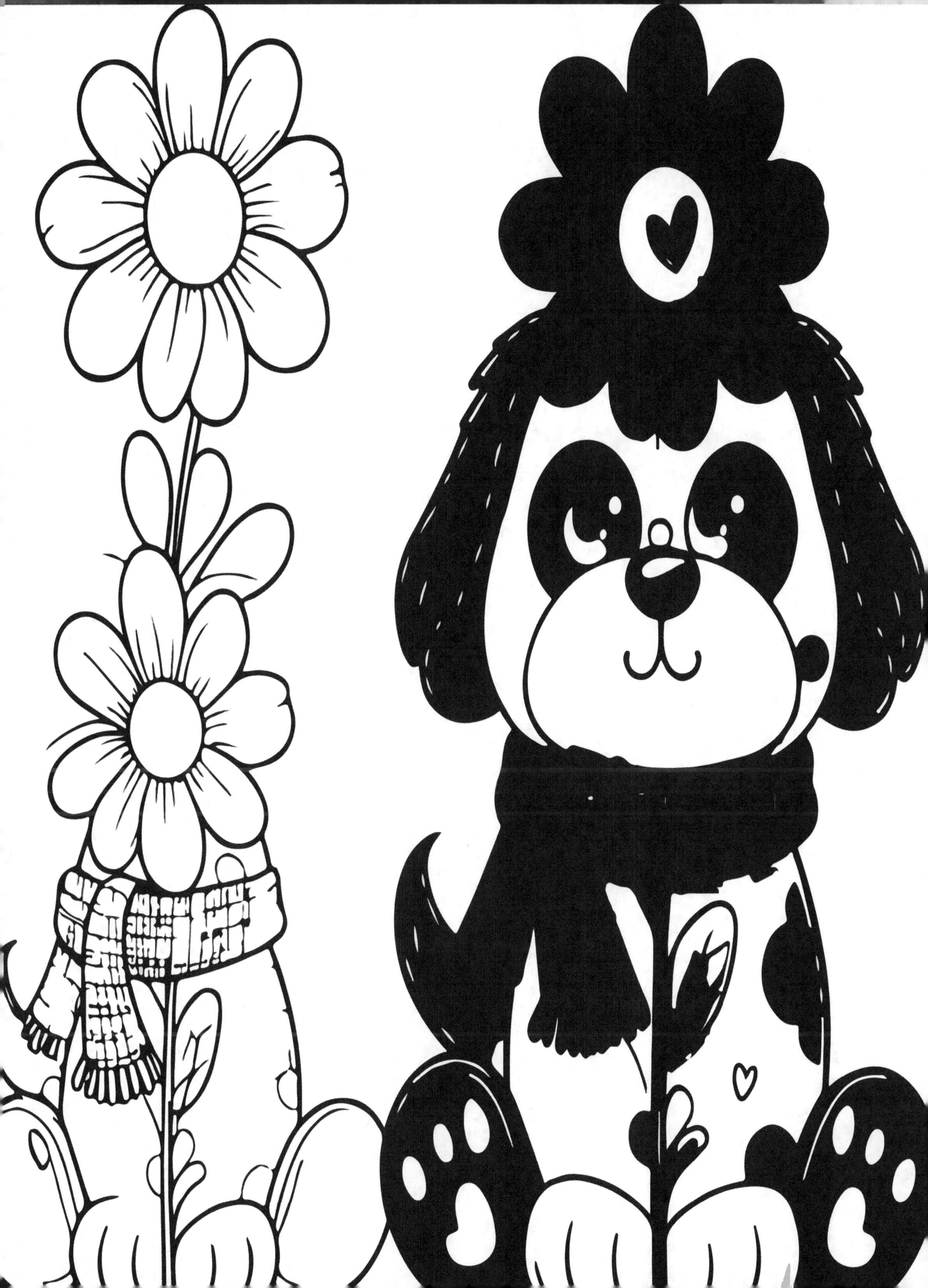

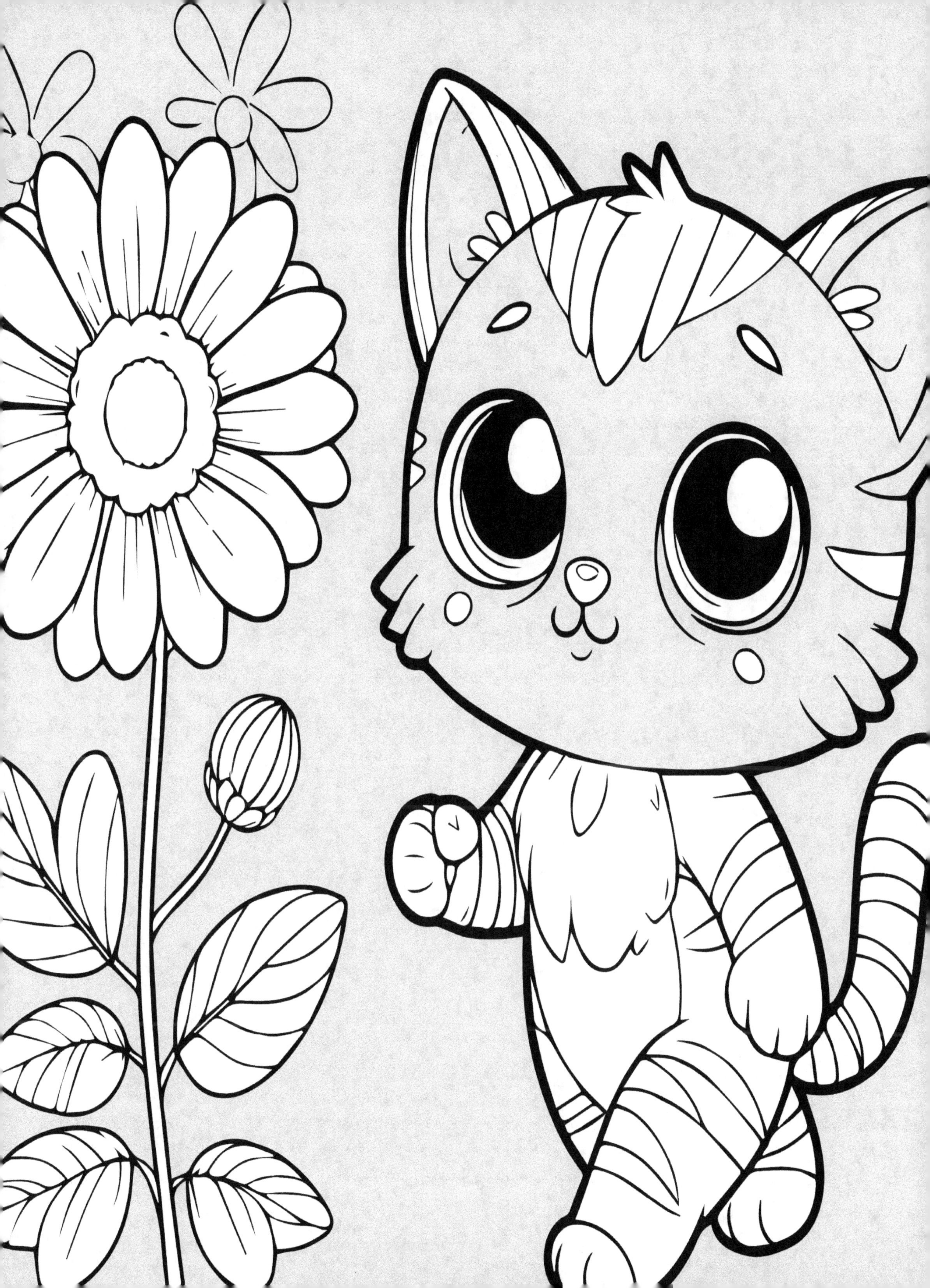

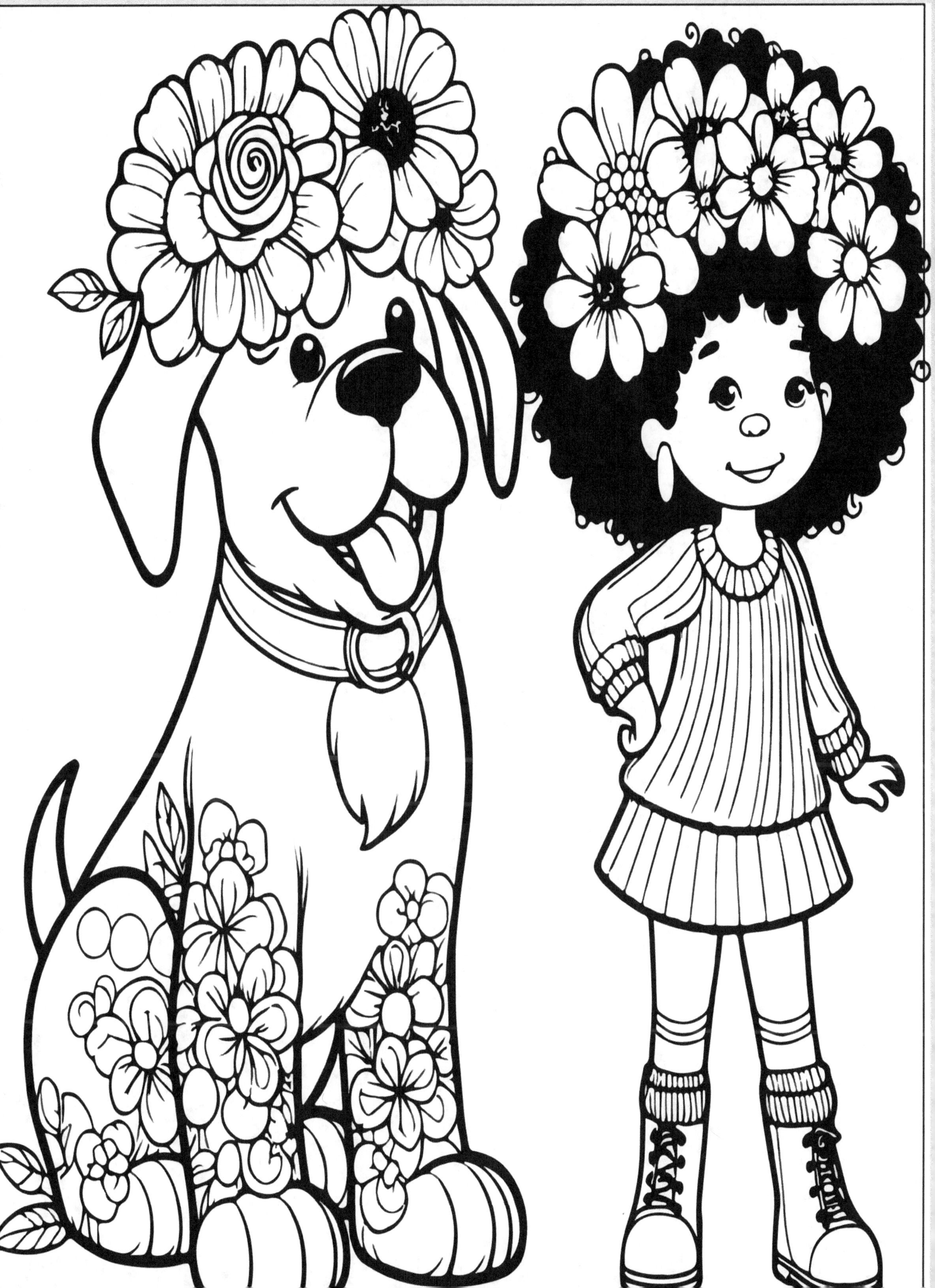

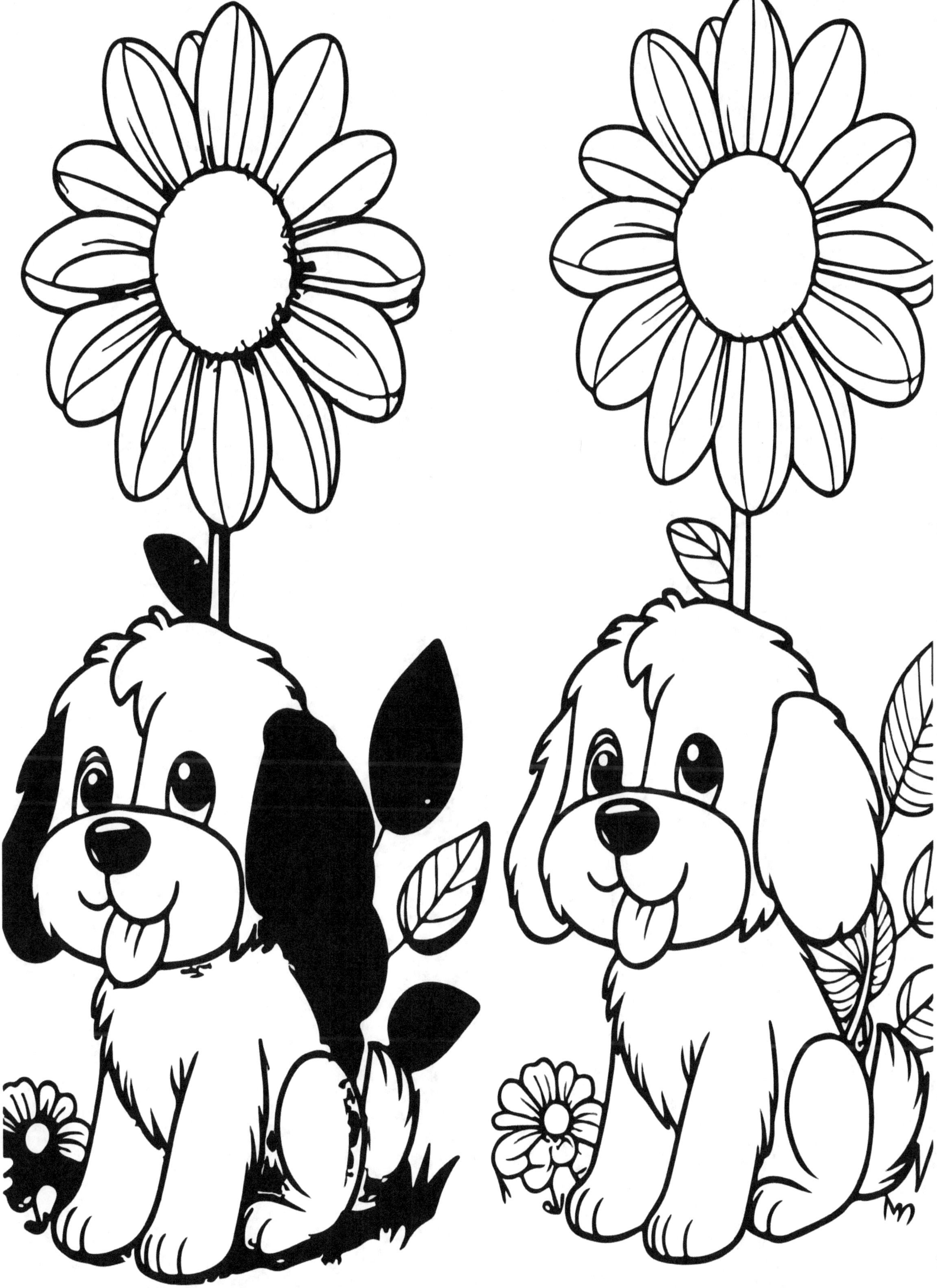

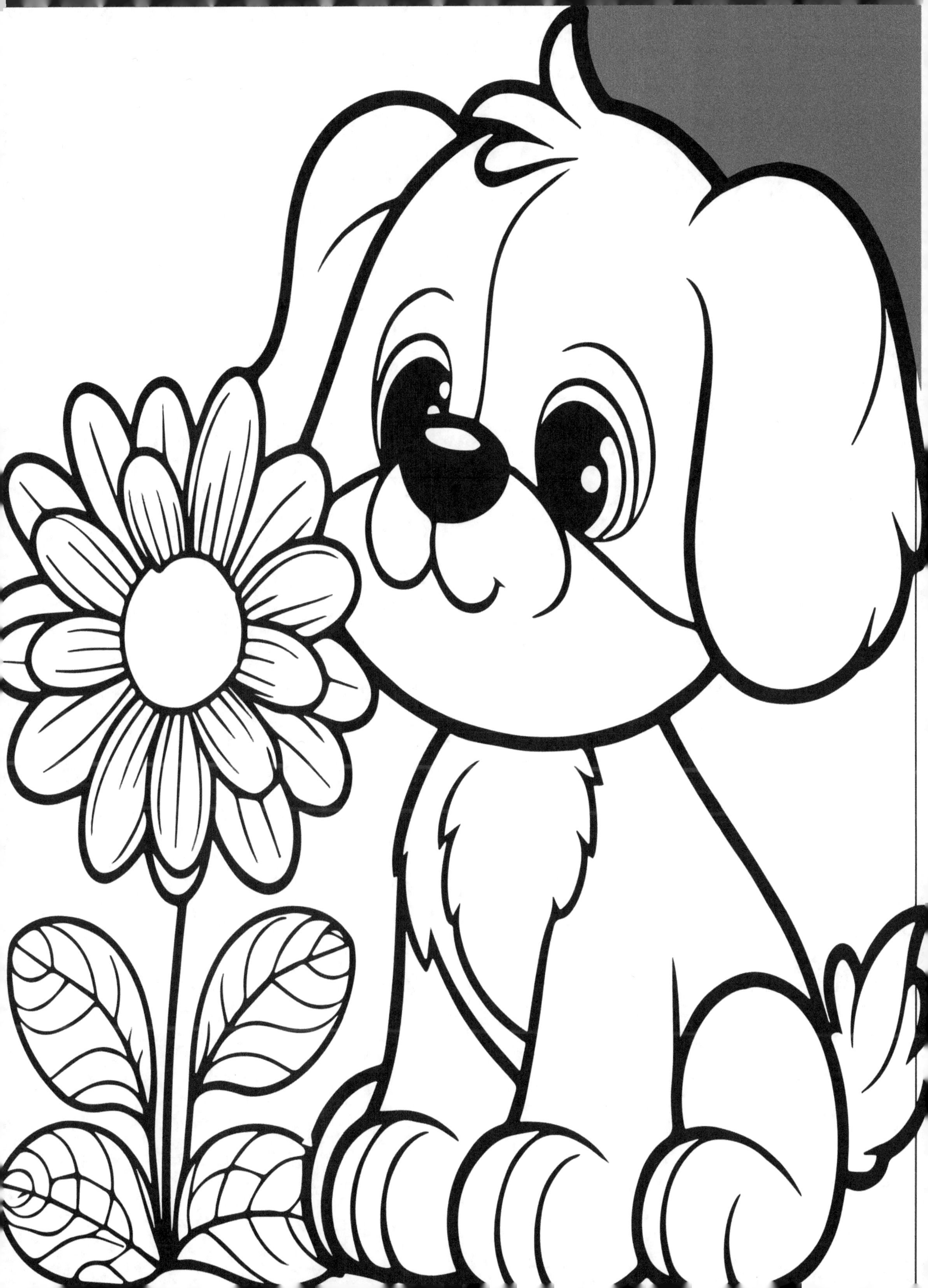

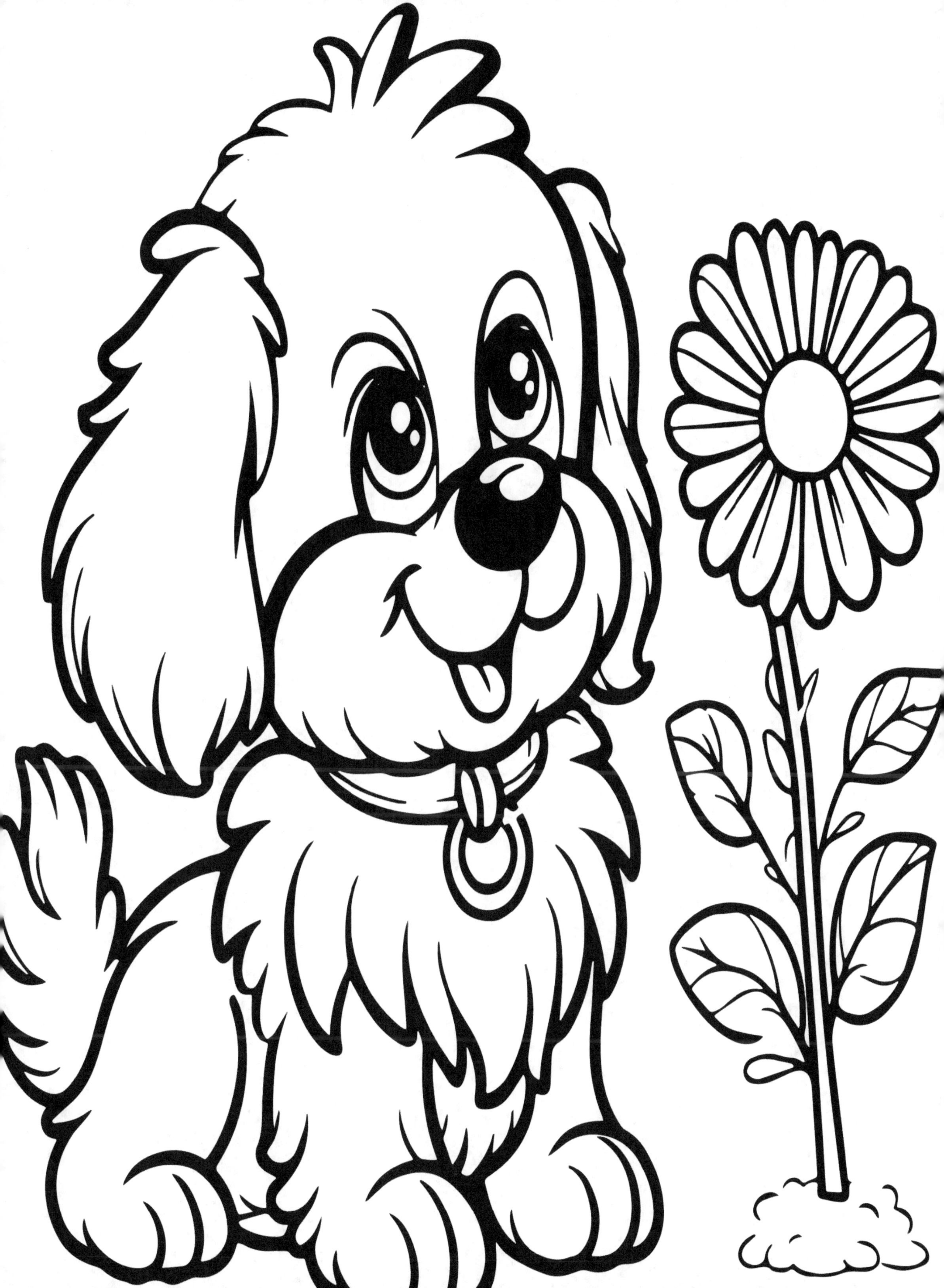

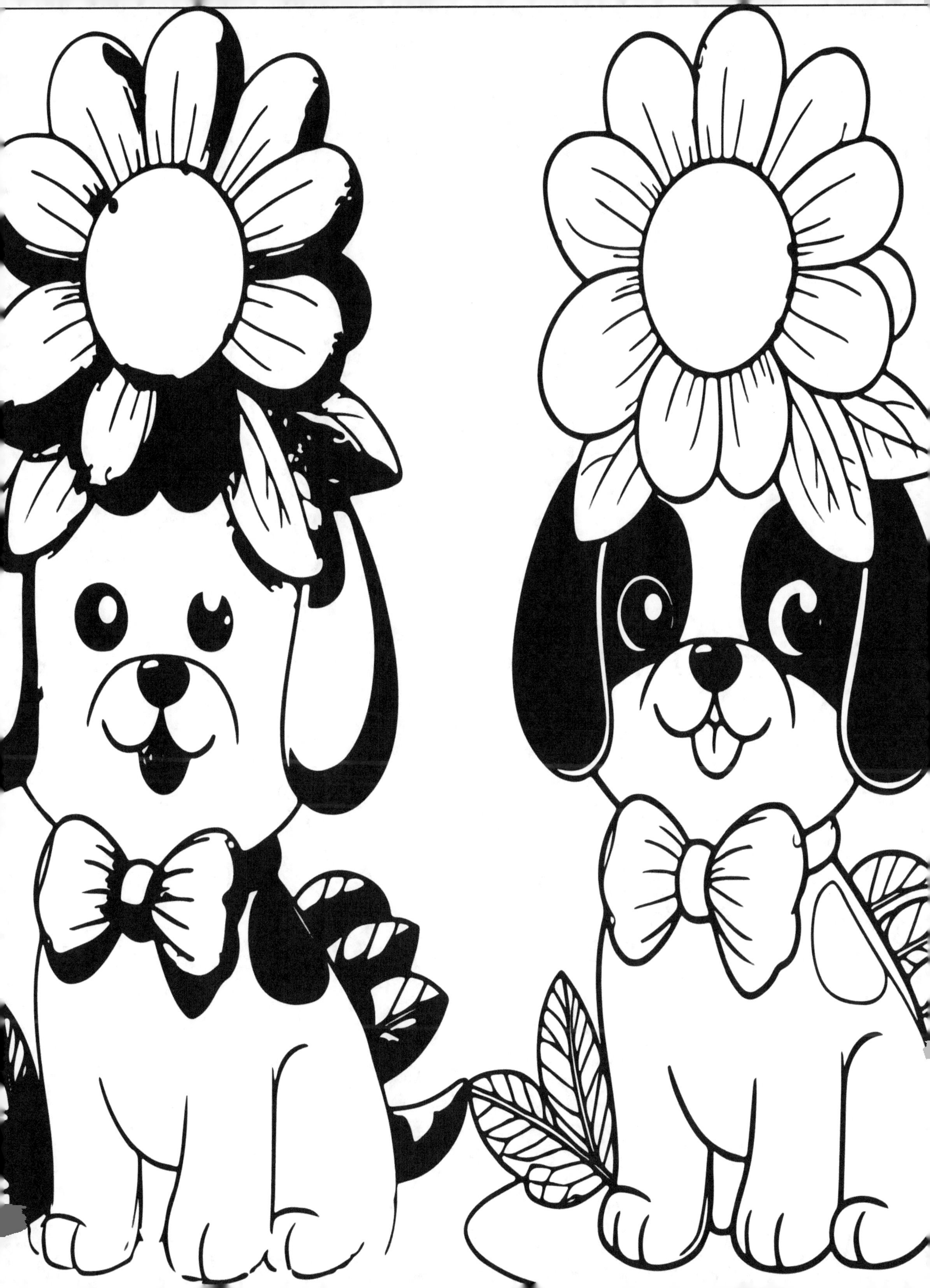

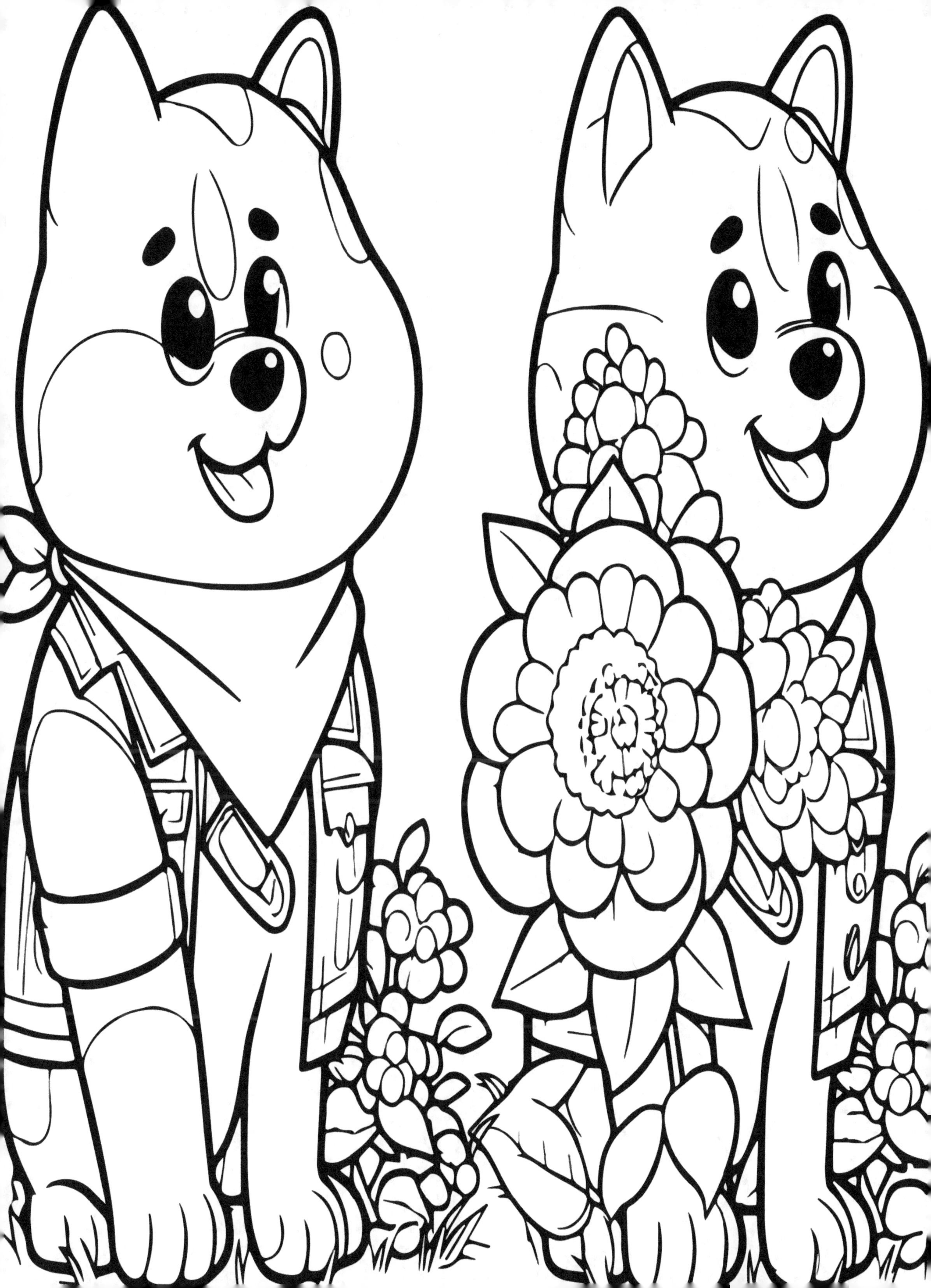

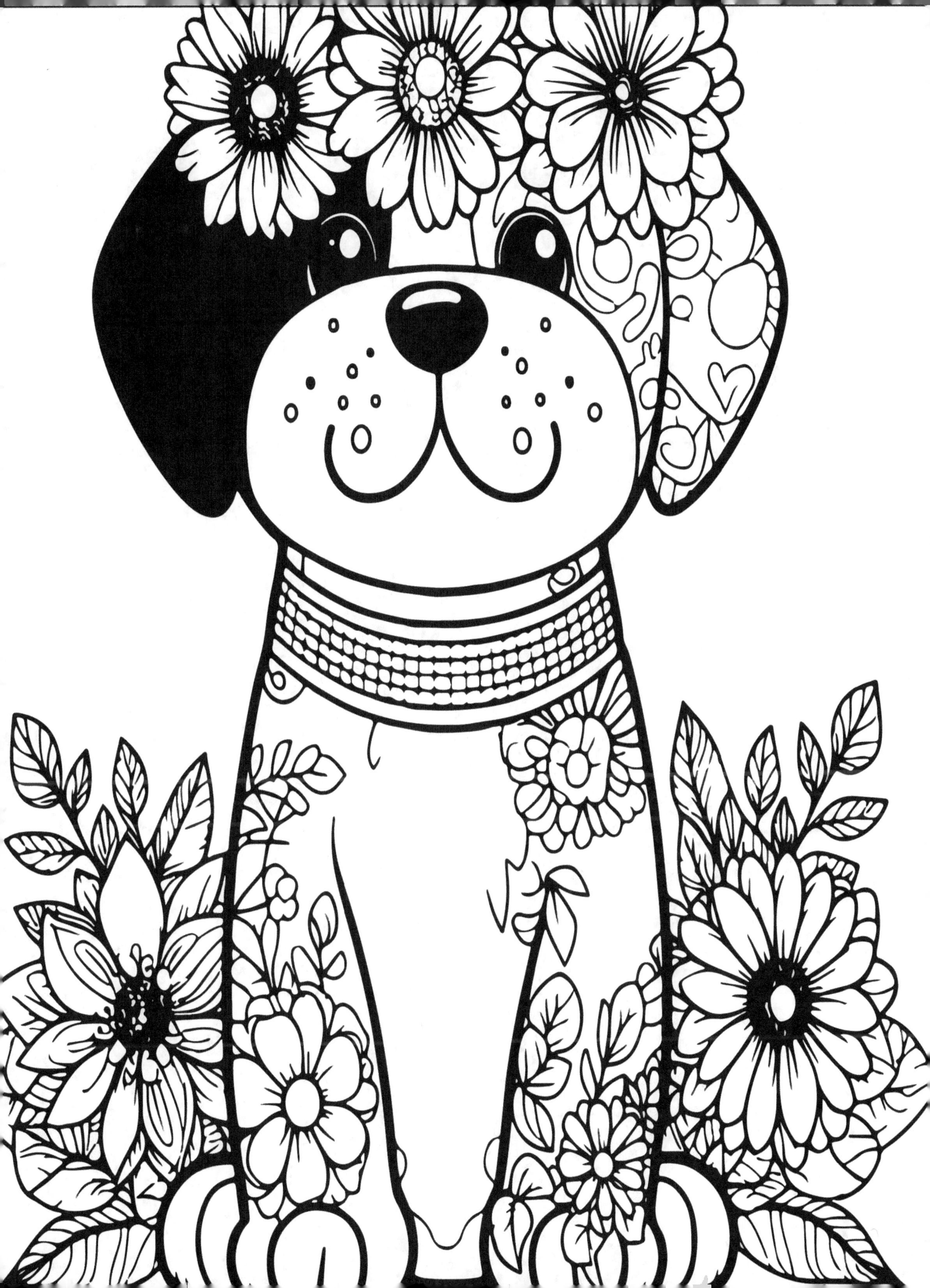

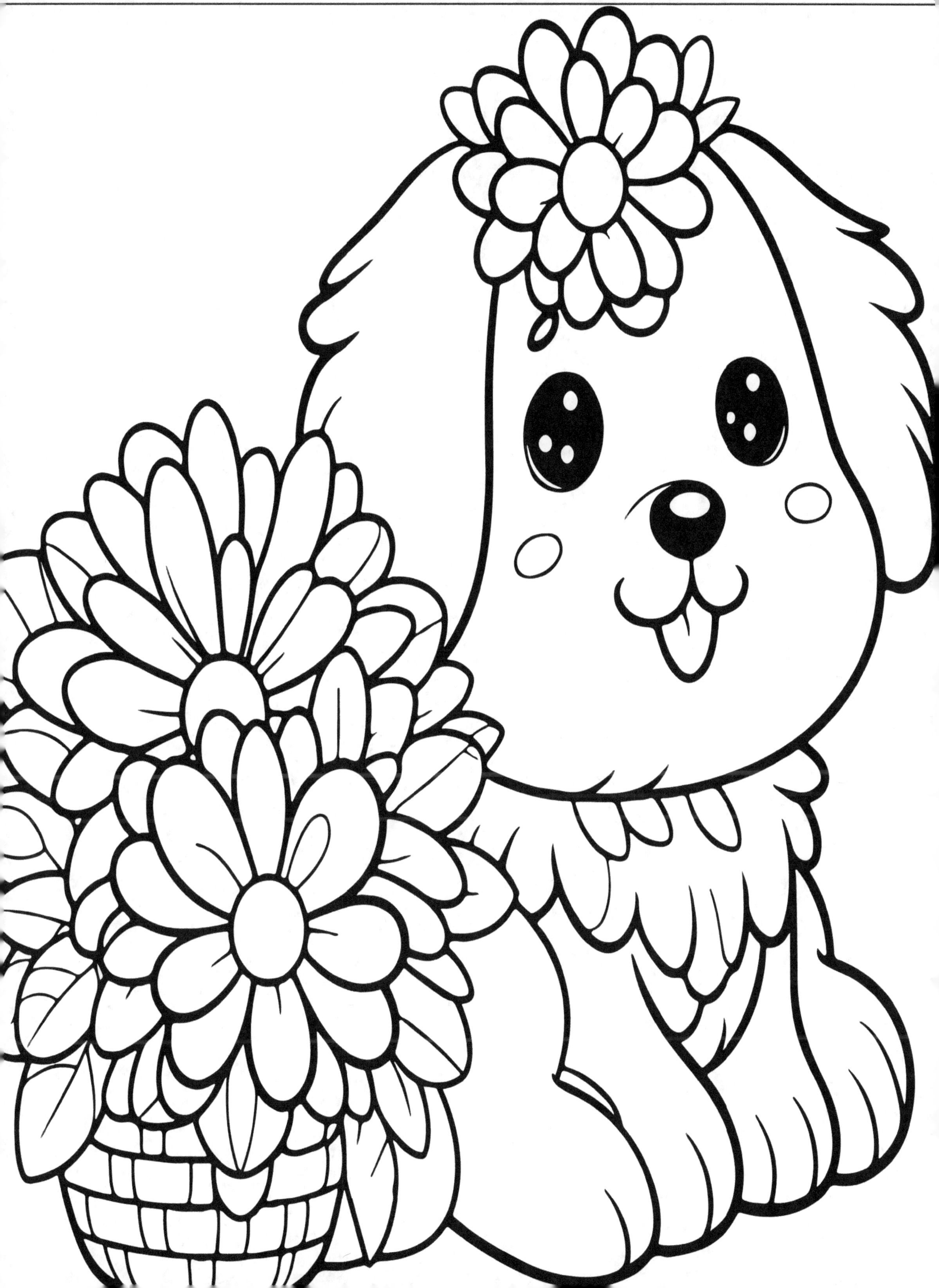

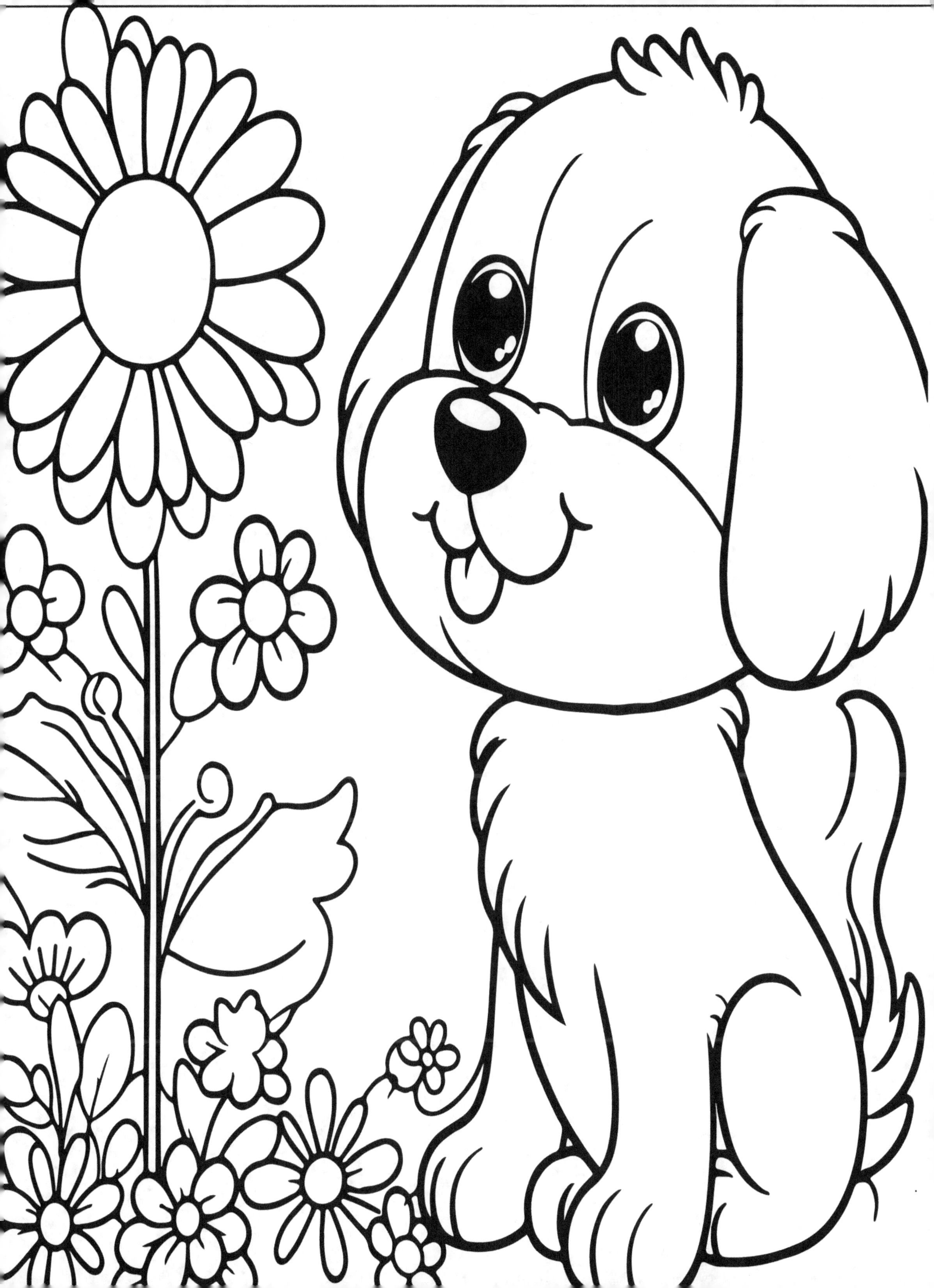

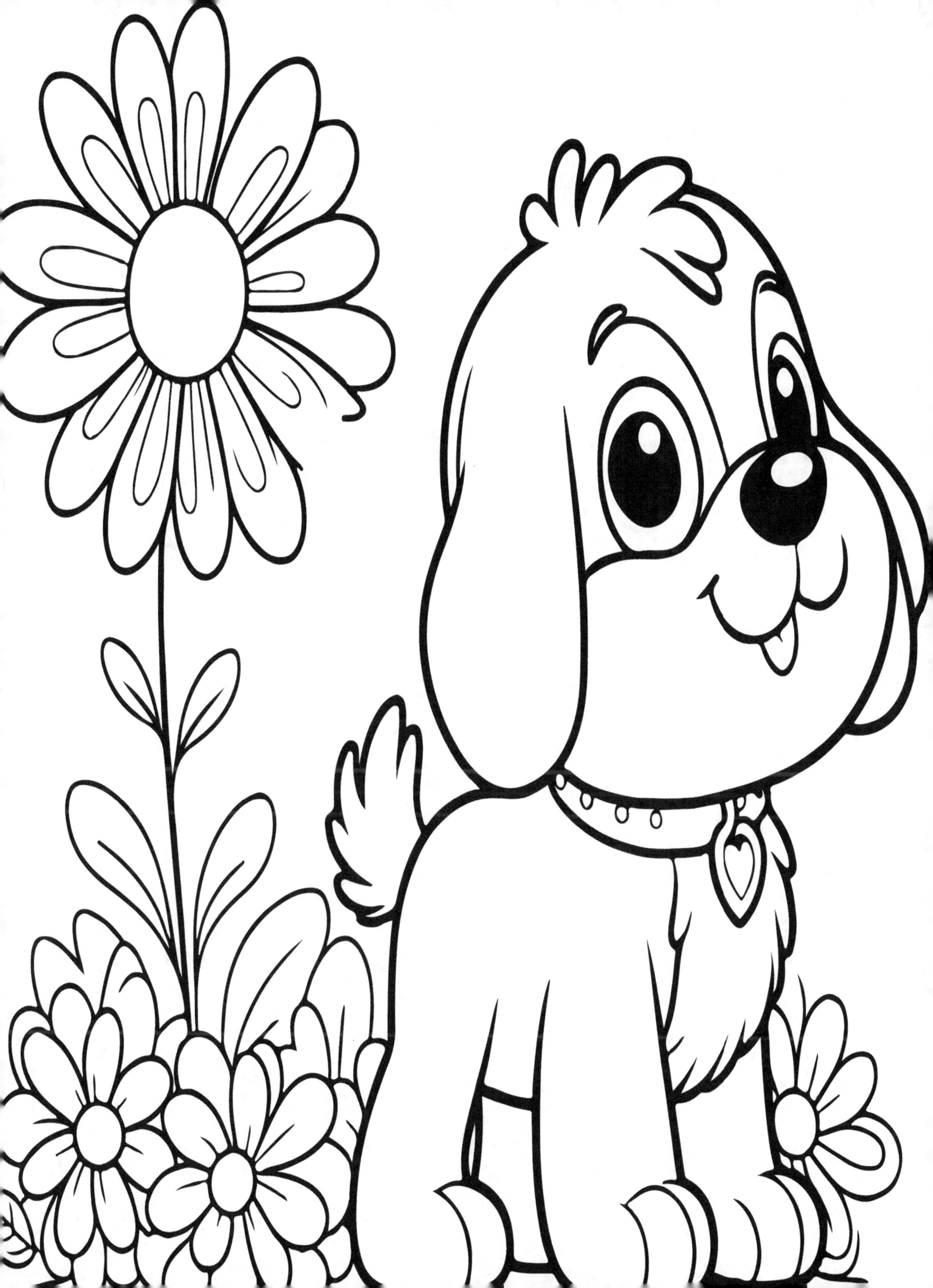

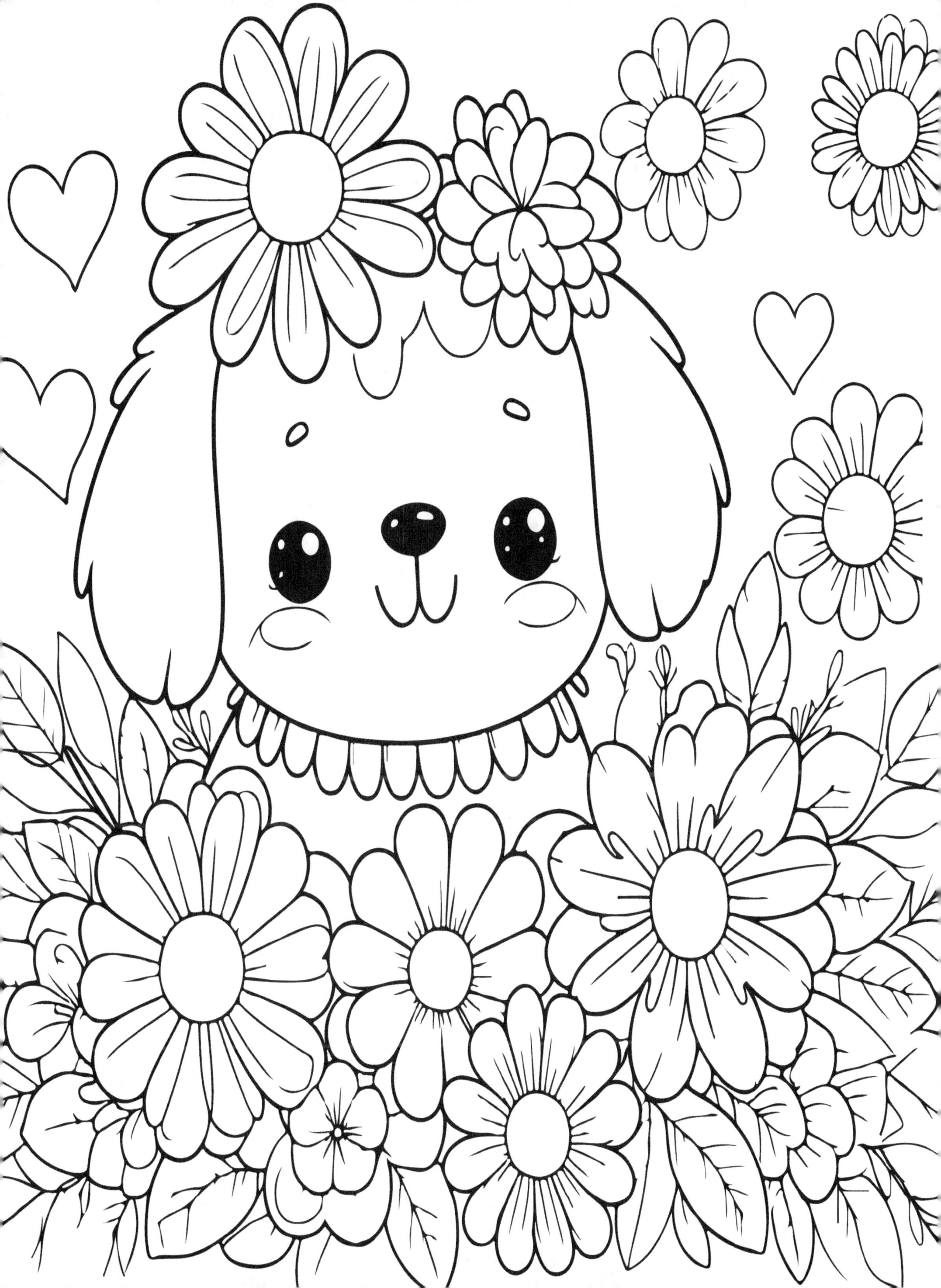

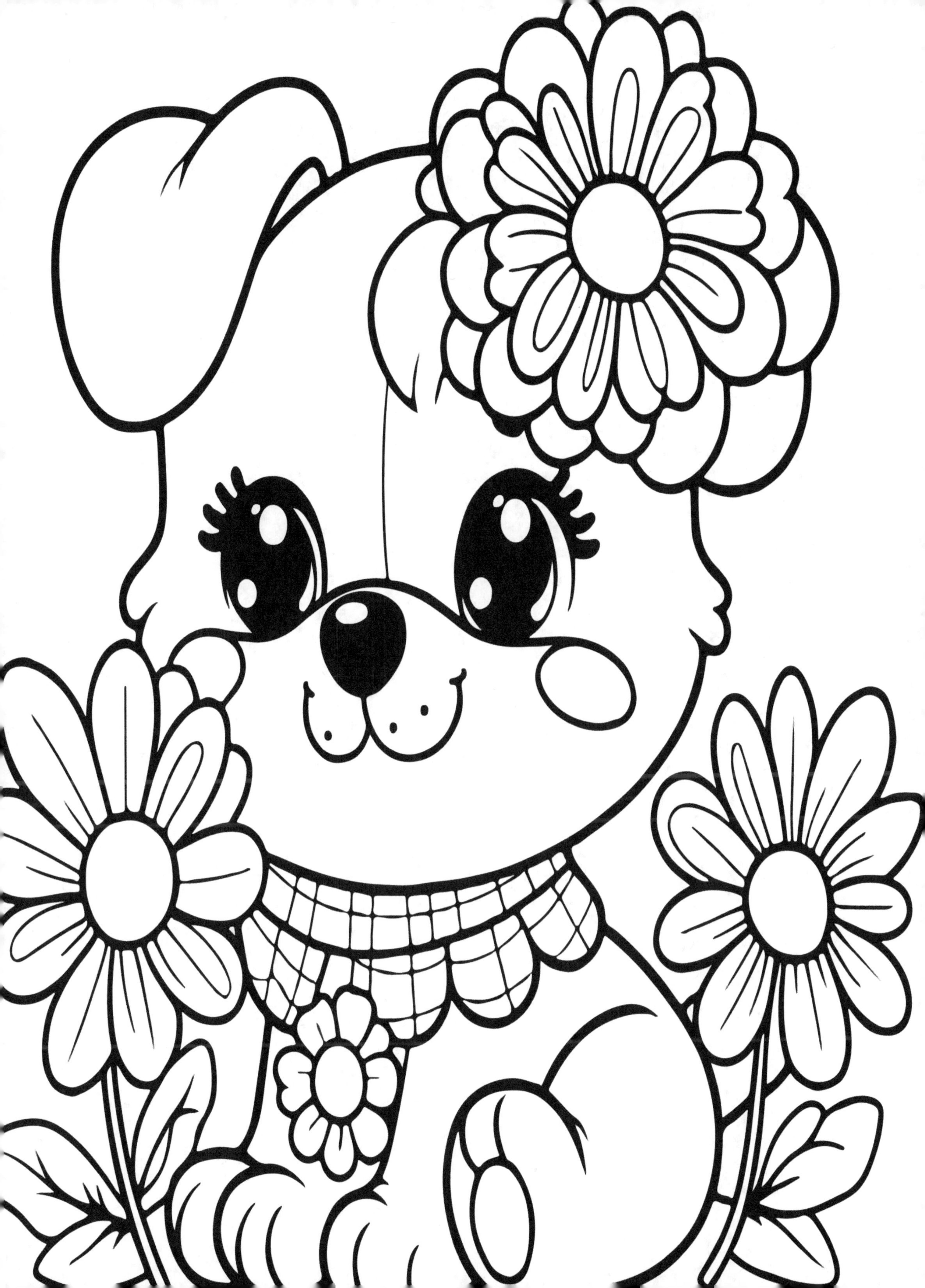

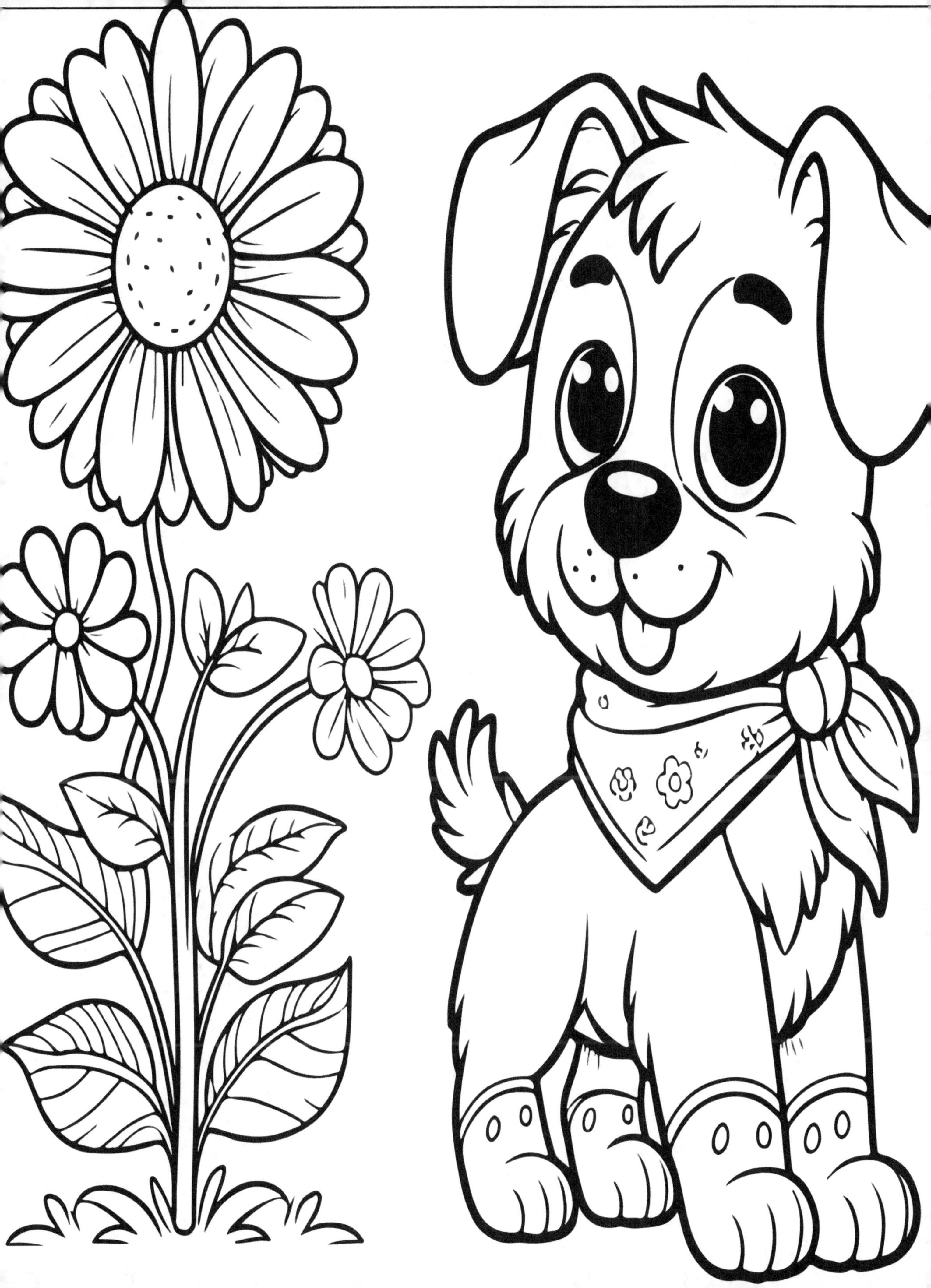

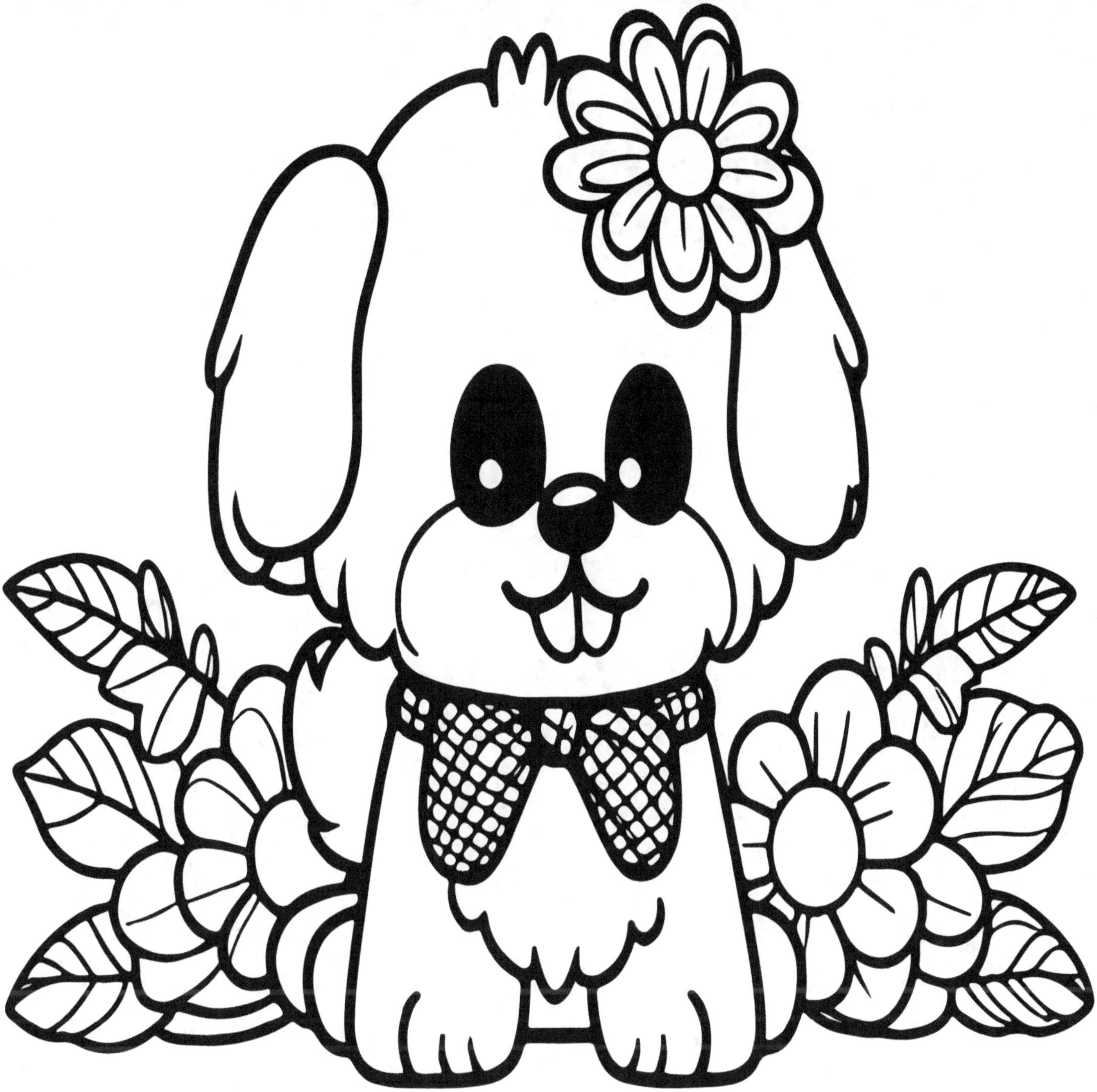
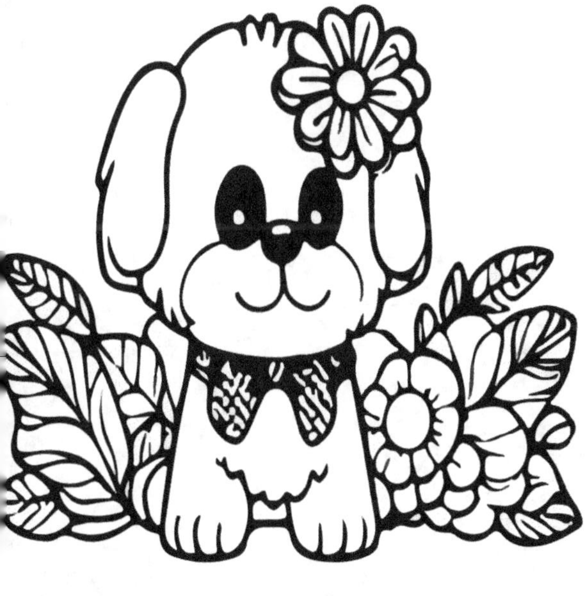
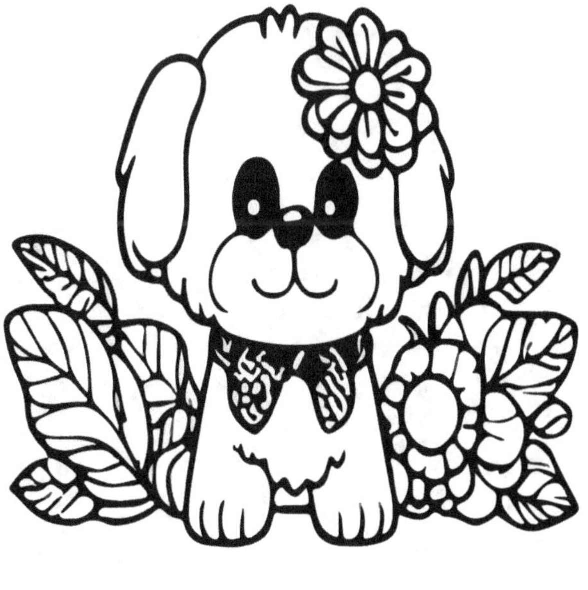

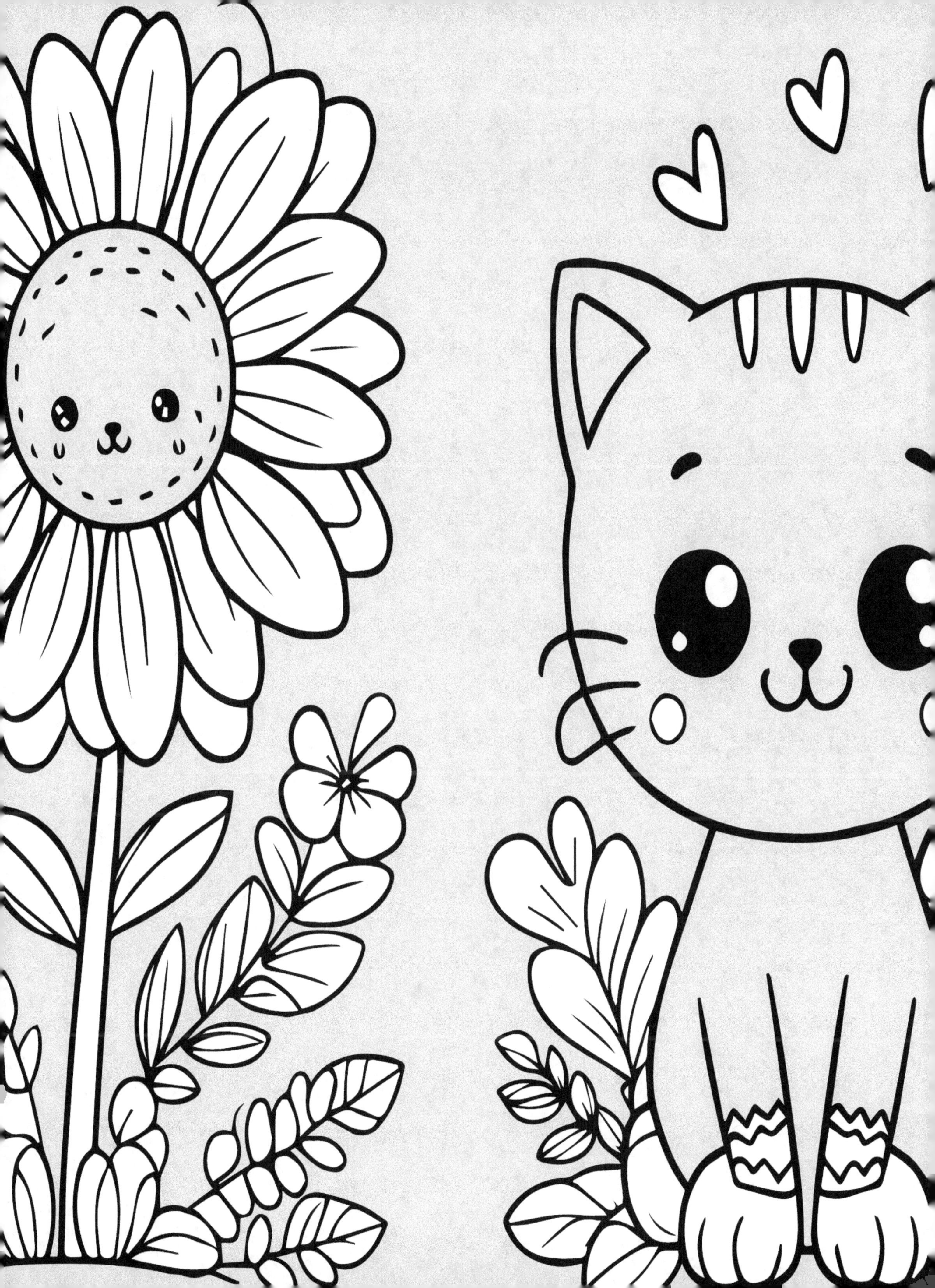

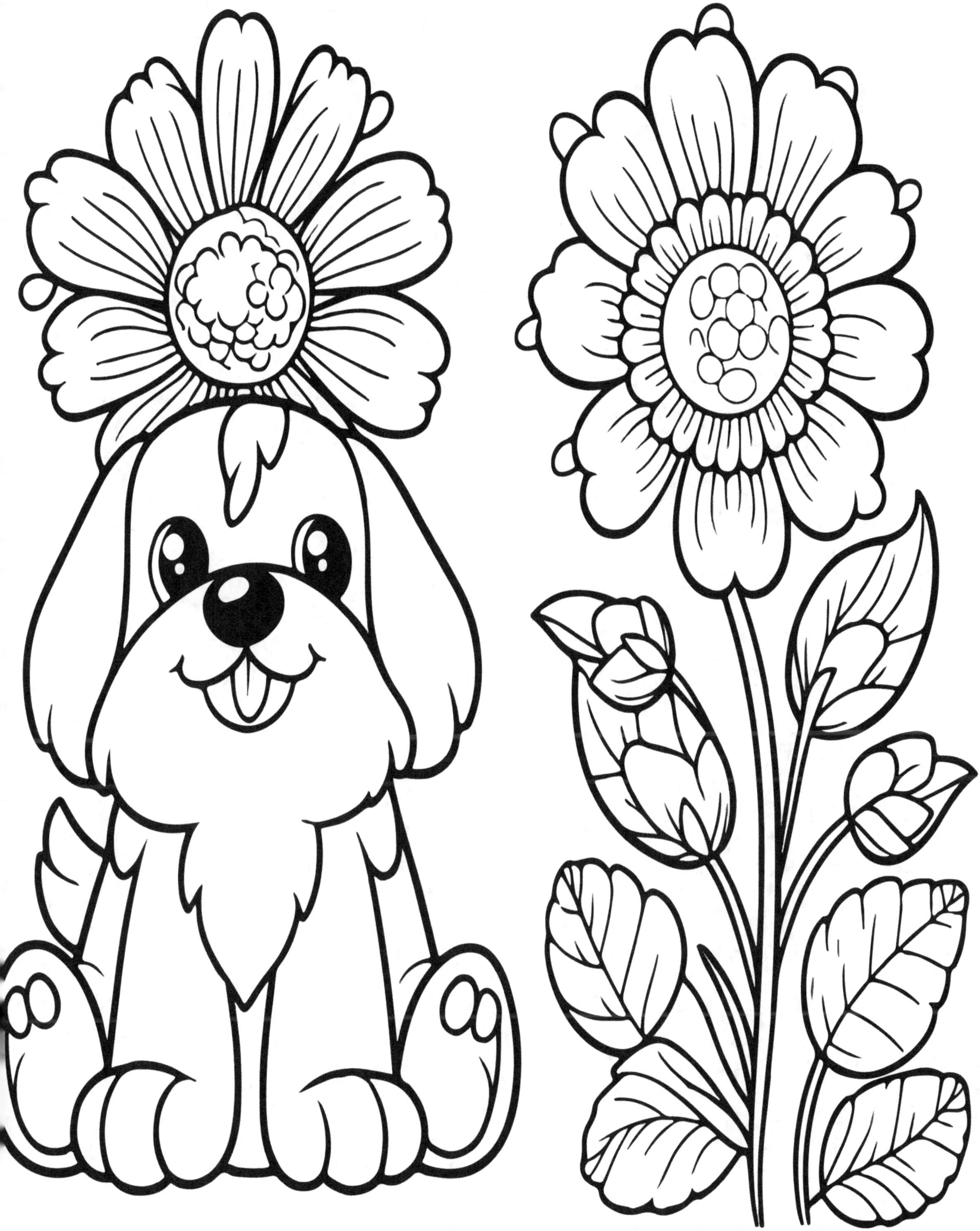

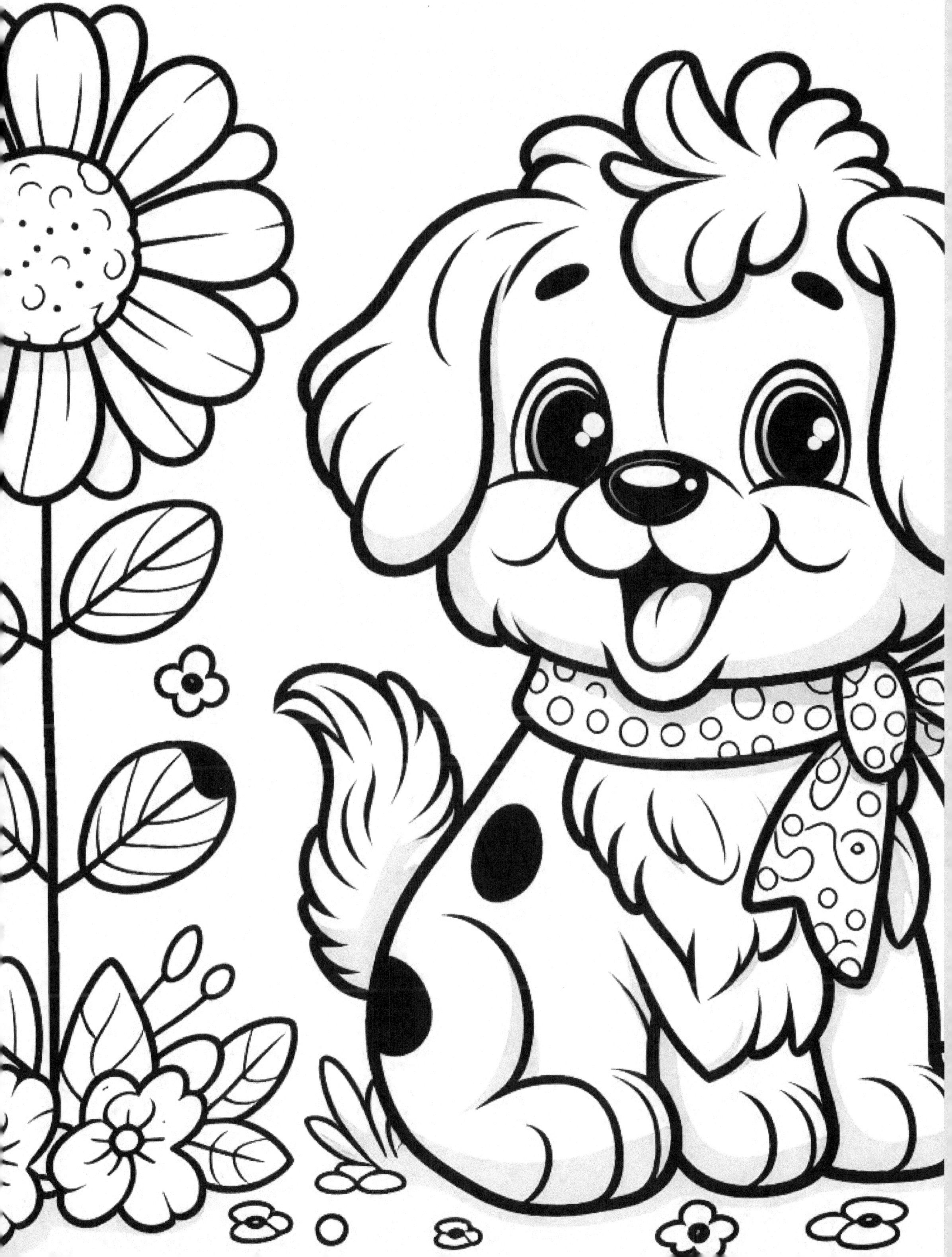

www.ingramcontent.com/pod-product-compliance
Lightning Source LLC
Chambersburg PA
CBHW062112220526
45471CB00010B/3709
* 9 7 9 8 3 2 3 4 9 7 9 4 2 *